NATIONAL GEOGRAPHIC EXPLORER

LONDON

Eine Stadt ohne echtes Zentrum, groß und vielgestaltig, avantgardistisch und doch traditionell. London ist keine Hauptstadt wie jede andere: Es ist um zwei Zentren herum gewachsen, einerseits die City, Sitz der politischen Macht, und andererseits Westminster, Sitz der religiösen Macht. Untrennbar mit der Themse verbunden, an deren Ufer der legendäre Tower wacht, musste die Stadt zahllose Dörfer eingliedern, um sich auszudehnen. Vermutlich rührt daher die städtische Vorliebe für die *greens*, bezaubernde Gärtchen oder grüne Lungen, wo man ausreiten oder Shakespeare unter Bäumen lesen kann. Und so erklärt sich auch das Patchwork aus Vierteln mit eigenem Charakter und kosmopolitischer Bevölkerung: Saint James's mit seinen Institutionen und großartigen Kunstmuseen, das West End mit seinen Musicaltheatern und dem partysüchtigen Soho; Chelsea und seine Dichterwohnungen, nicht weit vom verrückten Notting Hill; dazu ehemalige Vorstädte wie Islington oder Camden, die heute groß im Trend liegen, das East End und die Ufer der Themse, die zum Experimentierfeld der modernen Kunst geworden sind. London hegt und pflegt seine Traditionen: Juristen mit Perücke, königliches Protokoll, Schuluniformen bei Harrods oder zeitlose Pubs. Aber zugleich ist die Londoner Mode, die Londoner Szene dem Kontinent stets ein Stück voraus, wie man auf den Kleidermärkten der Stadt, vor den Schaufenstern der Modeschöpfer, in den Musikbars oder auf den Tanzflächen der Clubs erleben kann. Eine Stadt, die es zu entdecken gilt – mit diesem Explorer!

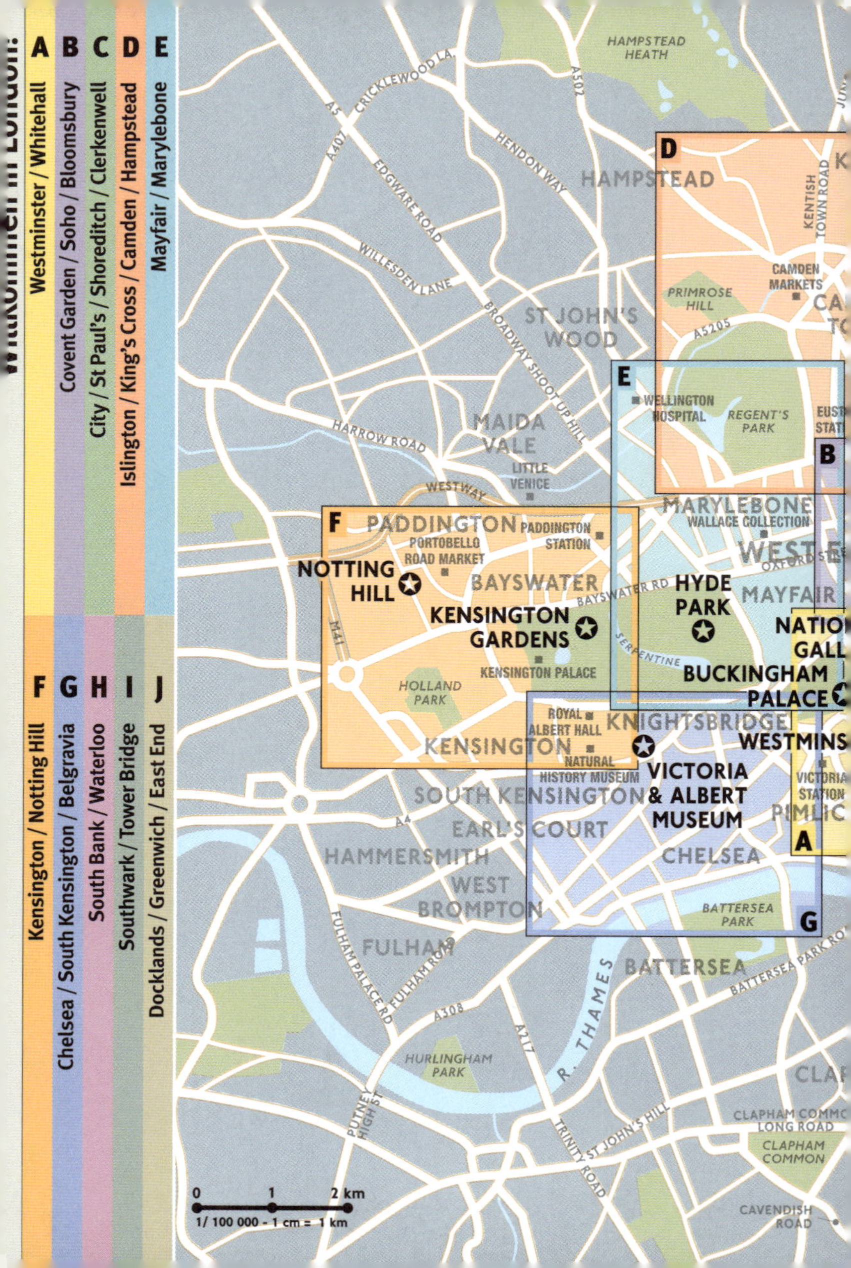
A Westminster / Whitehall
B Covent Garden / Soho / Bloomsbury
C City / St Paul's / Shoreditch / Clerkenwell
D Islington / King's Cross / Camden / Hampstead
E Mayfair / Marylebone
F Kensington / Notting Hill
G Chelsea / South Kensington / Belgravia
H South Bank / Waterloo
I Southwark / Tower Bridge
J Docklands / Greenwich / East End
HAMPSTEAD HEATH
CRICKLEWOOD LA.
A5
A407
A502
HENDON WAY
EDGWARE ROAD
HAMPSTEAD
KENTISH TOWN ROAD
WILLESDEN LANE
CAMDEN MARKETS
PRIMROSE HILL
A5205
BROADWAY SHOOT UP HILL
ST JOHN'S WOOD
WELLINGTON HOSPITAL
REGENT'S PARK
HARROW ROAD
MAIDA VALE
LITTLE VENICE
WESTWAY
MARYLEBONE
WALLACE COLLECTION
PADDINGTON
PADDINGTON STATION
PORTOBELLO ROAD MARKET
NOTTING HILL
BAYSWATER
BAYSWATER RD
HYDE PARK
MAYFAIR
KENSINGTON GARDENS
M41
SERPENTINE
KENSINGTON PALACE
BUCKINGHAM PALACE
HOLLAND PARK
ROYAL ALBERT HALL
KNIGHTSBRIDGE
KENSINGTON
NATURAL HISTORY MUSEUM
VICTORIA & ALBERT MUSEUM
SOUTH KENSINGTON
VICTORIA STATION
A4
EARL'S COURT
HAMMERSMITH
CHELSEA
WEST BROMPTON
BATTERSEA PARK
FULHAM
FULHAM PALACE RD
FULHAM ROAD
BATTERSEA
R. THAMES
A308
A217
HURLINGHAM PARK
PUTNEY HIGH ST
TRINITY ROAD
ST JOHN'S HILL
CLAPHAM COMMON LONG ROAD
CLAPHAM COMMON
CAVENDISH ROAD
0 1 2 km
1/ 100 000 - 1 cm = 1 km

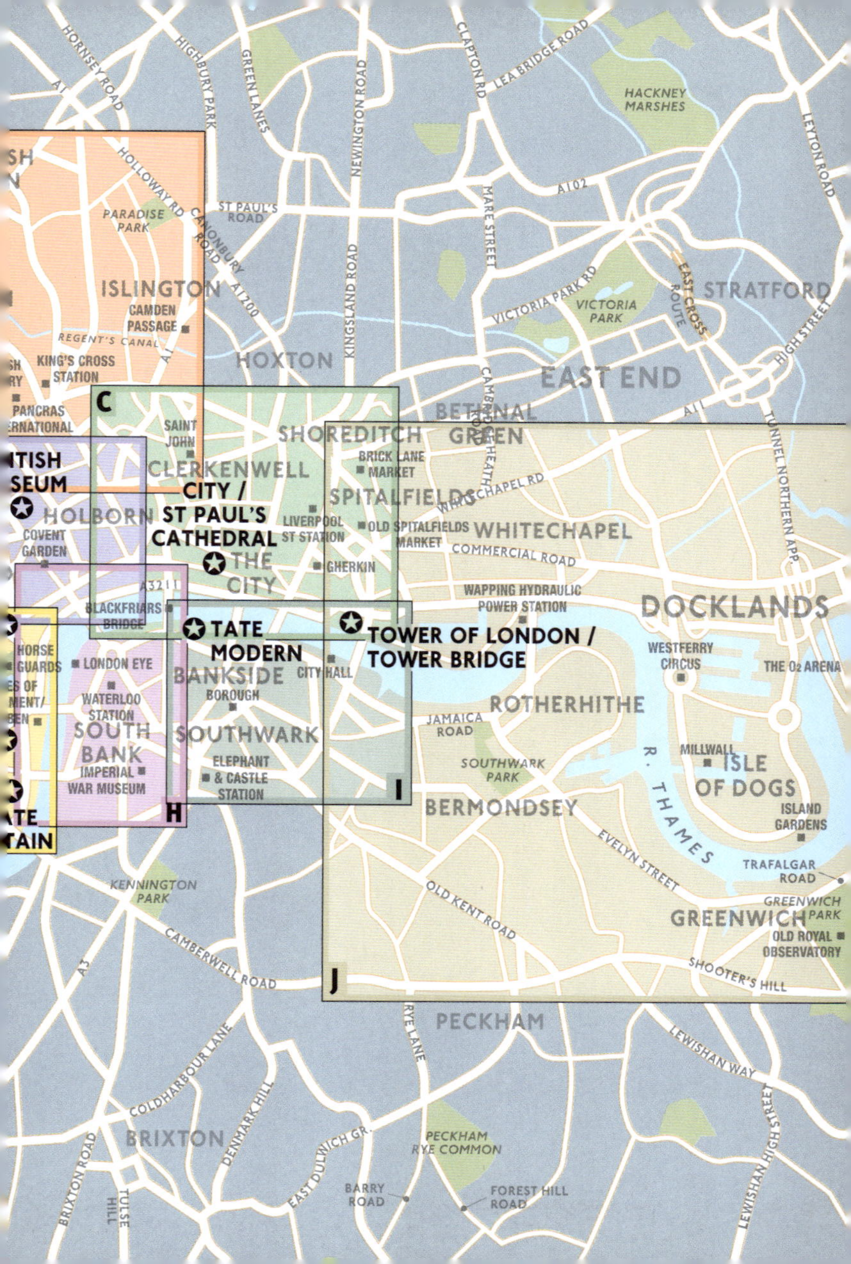
HORNSEY ROAD
HIGHBURY PARK
GREEN LANES
NEWINGTON ROAD
CLAPTON RD
LEA BRIDGE ROAD
HACKNEY MARSHES
LEYTON ROAD
HOLLOWAY RD
PARADISE PARK
CANONBURY ROAD
ST PAUL'S ROAD
MARE STREET
A102
ISLINGTON
CAMDEN PASSAGE
A1200
KINGSLAND ROAD
VICTORIA PARK RD
VICTORIA PARK
EAST CROSS ROUTE
STRATFORD
REGENT'S CANAL
HIGH STREET
KING'S CROSS STATION
HOXTON
EAST END
PANCRAS
C
SAINT JOHN
SHOREDITCH
BETHNAL GREEN
A11
BRICK LANE MARKET
CLERKENWELL
CITY / ST PAUL'S CATHEDRAL
WHITECHAPEL RD
SPITALFIELDS
HOLBORN
LIVERPOOL ST STATION
OLD SPITALFIELDS MARKET
WHITECHAPEL
TUNNEL NORTHERN APP.
COVENT GARDEN
THE CITY
COMMERCIAL ROAD
GHERKIN
A3211
WAPPING HYDRAULIC POWER STATION
DOCKLANDS
BLACKFRIARS BRIDGE
TATE MODERN
TOWER OF LONDON / TOWER BRIDGE
HORSE GUARDS
LONDON EYE
BANKSIDE
CITY HALL
WESTFERRY CIRCUS
THE O2 ARENA
WATERLOO STATION
BOROUGH
ROTHERHITHE
JAMAICA ROAD
SOUTH BANK
SOUTHWARK
R. THAMES
MILLWALL
ISLE OF DOGS
SOUTHWARK PARK
IMPERIAL WAR MUSEUM
ELEPHANT & CASTLE STATION
I
BERMONDSEY
H
ISLAND GARDENS
EVELYN STREET
TRAFALGAR ROAD
KENNINGTON PARK
OLD KENT ROAD
GREENWICH PARK
GREENWICH
OLD ROYAL OBSERVATORY
CAMBERWELL ROAD
A3
SHOOTER'S HILL
J
RYE LANE
PECKHAM
LEWISHAM WAY
COLDHARBOUR LANE
DENMARK HILL
BRIXTON
PECKHAM RYE COMMON
EAST DULWICH GR.
LEWISHAM HIGH STREET
BRIXTON ROAD
BARRY ROAD
FOREST HILL ROAD
TULSE HILL

MASSEINHEITEN

Längenmaße

- 1 inch = 2,54 cm
- 1 foot = 30,48 cm
- 1 yard = 91,44 cm
- 1 mile = 1,609 km

Gewichte & Volumen

- 1 pound = 453 g
- 1 pint = 0,57 l

Konfektionsgrößen

- Kleidung D: 10 = 36; 12 = 38; 14 = 40
- Kleidung H: 36 = 46; 38 = 48; 40 = 50
- Schuhe: 4 = 37; 5 = 38; 6 = 39; 7 = 40; 9 = 43; 10 = 44

STROM

Steckdosenadapter mit drei Flachpolen.

GLOUCESTER TERRACE

BRICK LANE

Proms
→ *Mitte Juli–Mitte Sep., www.bbc.co.uk/proms*
Klassikkonzerte in der Royal Albert Hall (**G** B1).

Notting Hill Carnival
→ *Letztes WE im Aug.*
Karibischer Karneval auf der Portobello Rd. (**F** B2)

Coin Street Festival (H C2)
→ *1 WE im Juni, 1 WE im Juli, www.coinstreet.org*
Open-Air-Kulturfestival.

Great British Beer Festival
→ *6 Tage im Aug., www.gbbf.org.uk*
Alle Biersorten Großbritanniens im Olympia (**F** A4).

September/Oktober

Totally Thames Festival
→ *Sep., totallythames.org*
Die Themse wird mit Bootschauen, Konzerten und Feuerwerk gefeiert.

London Open House
→ *3. WE im Sep.*
Tag der offenen Tür in historischen Gebäuden.

London Film Festival
→ *2 Wochen im Okt., www.bfi.org.uk/lff*
Im BFI Southbank (**H** B2).

Frieze Art Fair
→ *4 Tage im Okt., www.friezelondon.com*
Messe für zeitgenössische Kunst im Regent's Park (**E** C1).

November/Dezember

London Jazz Festival
→ *10 Tage im Nov., www.efglondonjazzfestival.org.uk*
Jazzkonzerte in 50 Sälen der Stadt.

Lord Mayor's Show
→ *2. Sa im Nov., www.lordmayorsshow.london*
Festlicher Umzug zur Wahl des Bürgermeisters der City of London.

Christmas Lights & Trees
→ *Mitte Nov.–6. Jan.*
Weihnachtsbeleuchtung in Oxford St (**E** C4) und Regent St (**E** D4), am Trafalgar Square (**A** C1), der größte Weihnachtsbaum der Stadt.

Boxing Day
→ *26 Dez.*
Beginn des Schlussverkaufs. Meisterschaften im Fußball und Rugby werden in den Pubs live übertragen.

GELD

Wechselkurs
1 £ = 1,20 €.

Kreditkarten
Werden überall akzeptiert. Gebühren beim Abheben, oft auch beim Bezahlen.

Preise

Unterkünfte
Doppelzimmer im Stadtzentrum (mit Bad): 90–100 £.

Essen
Fish & chips: 7–12 £. Gericht in einem normalen Restaurant: 11–20 £.

Besichtigungen
Museen, Ausstellungen: gratis–15 £; Sehenswürdigkeiten, Denkmäler: 15–25 £.

Ausgehen
Pint (Bier): 3,50 £; Cocktail: 8–12 £; Konzert, Club: 6–12 £.

Ermäßigungen

Internationaler Studentenausweis
→ *www.isic.de*

ARCHITEKTUR

Gotik
12.–15. Jh. Strenge Formen, farbige Glasmalereien und Statuen.
Westminster Abbey (A D3)

Tudor Style
1485–1603. Sonderform der Gotik mit hohen Fächergewölben, roten Ziegelsteinen und Fachwerk im flämischen Stil für die Wohnhäuser.
Lady Chapel, Westminster Abbey (A D3)

Barock
16. und 17. Jh., in der Zeit des großen Brandes von 1666. Meisterwerke von Sir Christopher Wren.
St Paul's Cathedral (C C3)

Georgianischer Stil
1714–1830. Symmetrische Gebäude mit eleganten Fassaden und Kolonnaden nach dem Vorbild der Antike.
Belgrave Square (G E1)

Viktorianische Zeit
Zwischen 1837 und 1901. Neugotik (Gothic Revival); anstelle der weißen Fassaden der georgianischen Ära Rückkehr zu rotem Ziegelmauerwerk.
Houses of Parliament (A D3)
Die industrielle Revolution brachte große Metallkonstruktionen hervor.
Leadenhall Market (C E3)

London heute
Rascher Wiederaufbau nach dem Zweiten Weltkrieg: Gebäude aus Beton. Ende des 20. und Anfang des 21. Jh. floriert der Hightech-Stil.
Swiss Re Tower (C E3), The Shard (I D2)

FAKTEN

- 33 *boroughs* in Greater, 13 in Inner London.
- 1578 km².
- 7,8 Mio. Einwohner.
- 28 Mio. Besucher/Jahr.
- Fluss: die Themse.

ORIENTIERUNG

- Die *boroughs* unterteilen sich in *districts* mit dazugehörigen Abkürzungen (EC = östliches Zentrum, N = Norden, SW = Südwesten)
- Generell gilt: Je höher die der Abkürzung folgende Zahl ist, desto weiter entfernt liegt der *district* vom Zentrum.

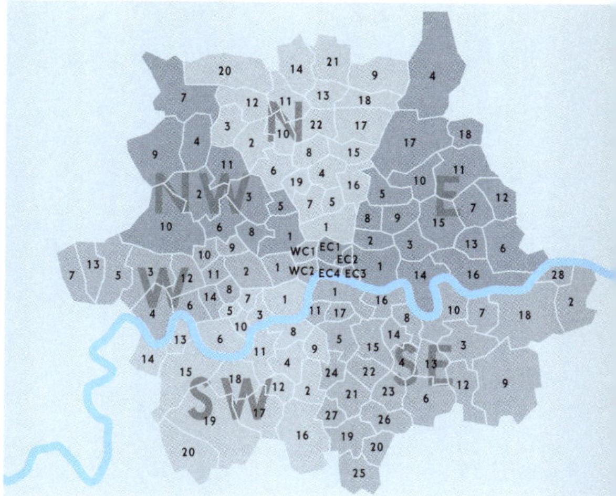

ORIENTIERUNG

INTERNET

Touristeninformation
→ *www.visitlondon.com*
→ *www.visitbritain.com*
London online
→ *www.londontown.com*
→ *www.viewlondon.co.uk*
Freies WLAN
Internet City (**B** C4)
Die meisten Hotels, Restaurants, Cafés und Pubs bieten einen kostenlosen Zugang an.

TOURISTEN-INFORMATIONEN

City of London Visitor Centre (**C** C3)
→ *1 St Paul's Churchyard, Tel. 020 7332 1456, Mo–Sa 9.30–17.30, So 10–16 Uhr*
In den Bahnhöfen
→ *Victoria* (**A** A4), *Piccadilly Circus* (**B** B4), *Holburn* (**B** D3) *Liverpool St* (**C** E2), *Euston* (**D** C3) *und St Pancras* (**D** D3)

TELEFONIEREN

Vorwahlen
Deutschland/London
→ *0044 + 20 + 8 Ziffern*
England/Deutschland
→ *0049 + Nr. (ohne 0)*
London/London
→ *Festnetz 020 + 8 Ziffern*
→ *Mobil 07 + 9 Ziffern*
Nützliche Rufnummern
Notruf
→ *Tel. 999 und 112*

FESTKALENDER

Feiertage
→ *1. Jan. (Neujahr), Karfreitag, Ostermontag, 1. Mo im Mai, letzter Mo im Mai (Spring Bank Holiday) und im Aug. (Summer Bank Holiday), 25. Dez. (Weihnachten), 26. Dez. (Boxing Day)*
Januar/Februar
London Parade
→ *1. Jan.*, Neujahrsumzug.
Chinesisches Neujahr
→ *Ende Jan.–Mitte Feb.*
Umzüge, Drachentanz etc. Trafalgar Square (**A** C1), Leicester Square, Chinatown (Gerrard St, Lisle St, **B** C4)
London International Mime Festival
→ *Letzte 3 Januarwochen*
Festival der Pantomime im Royal Opera House (**B** D3), Barbican Centre (**C** C2) …
Pancake Day Race
→ *Ein Di im Feb. oder März*
Bei dem Rennen am Karnevalsdienstag müssen die Läufer Pfannkuchen in die Luft werfen und auffangen.
März
Saint Patrick
→ *17. März*
Der Festtag der Iren.
Boat Race
→ *Ende März/Anfang April, www.theboatrace.org*
Ruderregatta auf der Themse: Oxford gegen Cambridge.
April/Mai
London Marathon
→ *So im April*
Rund 30 000 Läufer!
Chelsea Flower Show
→ *3. oder 4. Woche im Mai, www.rhs.org.uk/Shows-Events*
Blütenmeer am Royal Hospital (**G** E3).
Juni
Trooping the Colour
→ *Sa Mitte Juni*
Geburtstag der Königin.
Derby Day, Royal Asco
→ *3 Tage im Juni, www.ascot.co.uk*
Berühmtes Pferderenne
Taste of London (**E**)
→ *4 Tage, www.tastefestivals.com*
Spitzenköche zaubern ir Regent's Park (**E** C1).
City of London Festival
→ *Mitte Juni–Mitte Juli, www.colf.org*
Musik, Theater, Tanz – u sonst!
Juli/August
Wimbledon
→ *Ende Juni–Anfang Juli*
Grand-Slam-Tennisturnie
Swan Upping on the Thames
Das Zählen der Schwäne auf der Themse durch ur formierte Ruderer ist eine 900 Jahre alte Tradition!

Die Top-Attraktionen

Zehn Sehenswürdigkeiten, die man nicht versäumen sollte

✪ National Gallery (**A** C1)
2000 Gemälde geben einen einzigartigen Einblick in die europäische Kunst. Im klassizistischen Palais von 1838 zeigt die National Gallery Meisterwerke der Malerei vom 13. bis zum 19. Jh., von den alten italienischen Meistern über skandinavische und spanische Arbeiten sowie die Satiren von Hogarth (1697–1764) bis zu den französischen Impressionisten. Die nahe National Portrait Gallery präsentiert berühmte Briten seit Heinrich VIII. (1509–1574).

✪ Westminster (**A** D3)
Bilder von London, die das Parlament mit Big Ben sowie die nahe gelegene Abbey zeigen, fassen die Geschichte Großbritanniens zusammen. Das Parlament, von Claude Monet zu verschiedenen Tageszeiten gemalt, entstand an der Stelle eines königlichen Palastes aus dem 11. Jh. Westminster Abbey, vom Schriftsteller Paul Morand als »weißes Phantom über der dunstigen Stadt« beschrieben, ist seit Wilhelm dem Eroberer Ort königlicher Krönungen und Begräbnisse. Hier ruhen u. a. Händel, Byron, Dickens und Kipling.

✪ Wachablösung vor dem Buckingham Palace (**A** A3)
Das für die Briten alltägliche Ritual ist bei den Touristen der Renner! Durch die Gitter des Buckingham Palace, der königlichen Residenz, bestaunen Menschenmassen die bis ins kleinste Detail geregelte Parade der *guards* in ihren roten Uniformen und Bärenfellmützen. Zwischen 11.30 und 11.45 Uhr erfolgt die Wachübergabe zwischen zwei Regimentern, die, von den Klängen einer Blaskapelle begleitet, an- und abmarschieren. Achtung: Von August bis März findet die Wachablösung nur jeden zweiten Tag statt.

✪ Tate Britain (**A** D5) **und Tate Modern** (**I** A1)
Die Tate Gallery, 1897 vom gleichnamigen Mäzen geschaffen, kann heute ihre Schätze englischer Malerei und moderner Kunst in vollem Umfang ausstellen. Seit 2000 bietet in Bankside die Tate Modern der zeitgenössischen Kunst ein Zuhause, während der ursprüngliche Bau in Millbank, umbenannt in Tate Britain, sich nun rein britischen Werken widmet, darunter 300 Gemälde von Turner (1775–1851). Zwischen beiden Museen besteht eine Fährverbindung *(Tate to Tate)*.

✪ British Museum (**B** C2)
Ägypten, der Nahe und Mittlere Osten, das antike Griechenland und Rom, primitive Kunst – man bräuchte eine Woche, heißt es, um das riesige Museum mit seinen sechs Millionen Exponaten aller Kulturen und Kontinente kennenzulernen. Es entstand 1759 mit den Sammlungen des Arztes Hans Sloane (1660–1753) und erweiterte seine Bestände später so stark, dass daraus 1881 das Natural History Museum (**G** B2) und 1997 die British Library (**D** D3) hervorgingen.

✪ City und St Paul's Cathedral (**C** C3)
Die City, das Bankenviertel, war einst die Wiege der Stadt; ihre Grenzen entsprechen jenen des im 1. Jh. gegründeten römischen Londinium. Auch wenn es hier heute mehr Geschäftsleute als Bewohner gibt, findet man noch eine Reihe alter Kirchen, allen voran St Paul's, die Kathedrale von London und Meisterwerk von Christopher Wren (1632–1723). Rundherum wachsen seit Beginn des 21. Jh. immer neue Wolkenkratzer mit netten Spitznamen in den Himmel, wie »The Gherkin« (das Gürkchen) von Norman Foster oder »Cheese Grater« (die Käsereibe) von Richard Rogers.

✪ Hyde Park (**E** B6) **und Kensington Gardens** (**F** E2)
Durch den Serpentine Lake verbunden, bieten die beiden Parks eine Grünfläche von über 300 Hektar im Herzen der Stadt. Der Hyde Park wird von Groß und Klein geliebt, seit Karl I. (1625–1649) ihn der Öffentlichkeit zugänglich machte. Westlich des Sees liegen die Kensington Gardens, intimer und formaler, mit einem von Wren entworfenen königlichen Herrenhaus.

✪ Notting Hill (**F** B2)
Das bohemehafte Viertel, das in den 1950er-Jahren durch die Ankunft karibischer Immigranten kosmopolitisch wurde, sollte man unbedingt besuchen. Es entstand im 19. Jh. als Vorort für Begüterte: geräumige Wohnsitze, gelegen um einen Garten. Im August findet hier ein großer Karneval statt.

✪ Victoria & Albert Museum (**G** C2)
Schon das monumentale Gebäude zeugt vom Umfang der Sammlungen. Das »V&A« bietet einen Überblick über Möbel, Schmuck, Textilien, Mode, Keramiken, Elfenbeinschnitzereien und vieles mehr aus 2000 Jahren. Es empfiehlt sich, sich mit einem Plan zu bewaffnen, bevor man sich auf die Suche nach dem berühmten Automaten *Tipus Tiger* oder dem *Großen Bett von Ware* (1600) macht.

✪ Tower of London und Tower Bridge (**I** E1–F1)
Der Tower, die königliche Burg mit Anfängen im 11. Jh., beherbergt ein Labyrinth aus Gängen und Räumen. Hier fanden so viele Grausamkeiten statt, dass er schon seit der Zeit Königin Viktorias (1819–1901) Schaulustige anzieht. Die Tower Bridge mit ihren beweglichen Brückenteilen stammt aus dem späten 19. Jh.

Praktische Hinweise

TATE MODERN

WACHABLÖSUNG VOR DEM BUCKINGHAM PALACE

EIN DOPPELDECKERBUS VOR BIG BEN

NOTTING HILL

KENSINGTON GARDENS

ST PAUL'S CATHEDRAL

Praktische Hinweise

ŁÜGE IM GROSSRAUM LONDON

:et (**F** B2), Camden
:ets (**D** B2–C2)
icoat Lane Market
;)
'ddlesex St, So 10–16,
Fr 8–14.30 Uhr (kleiner)
ilteste Straßenmarkt
London.
k Lane Market (J A1)
8–15 Uhr
ich wie der Petticoat
Market.
le
Secondhand bis Luxus,
Vintage-Look bis zu
hmten Designern!
ı Stadtvierteln:
häuser in der Oxford
Regent's St (**B**), Street-
in Soho (**B**), schicke
e rund um die Bromp-
Rd und in der King's Rd
Gothic-Style in Cam-
(**D**), Avantgarde in
editch (**C**), der Dover
), der Columbia Rd
in der Brick Lane (**J**).
tenläden
nders zahlreich in Soho
Camden (**D**) und Notting
Hill (**F**). Musik aller Stilrichtungen auf Vinyl und CD.

LONDON EINMAL ANDERS

Mit dem Bus

Stadtbus
Linie 15 (von Trafalgar Square zur Tower Bridge). Linie 11 (von Victoria Station zur Liverpool St). Top-Sehenswürdigkeiten zum Preis einer Busfahrkarte.

Mit dem Schiff

London River Service
→ *www.tfl.gov.uk*
Wasserbusse.

Thames Clippers
→ *www.thamesclippers.com*
Pendelschiffe verbinden die Metrostationen Putney (außerhalb bei **G** A4) mit Greenwich (**J** E4).

Jason's Trip
→ *www.jasons.co.uk*
Fahrt auf dem Regent's Canal von Little Venice (außerhalb **F** E1) nach Camden Town (**D** B2).

Zu Fuß

The Original London Walks
→ *Tel. 020 7624 3978, www.walks.com*
Spaziergänge auf den Spuren von Jack the Ripper, Beatles oder Harry Potter.

SPORT

Ein Dutzend Profi-Fußball-Clubs liefern sich spannende Derbys. Chelsea, Arsenal, West Ham ...

Wembley Stadium
→ *www.wembleystadium.com*
Pilgerziel für Fußballfans.

Twickenham Stadium
→ *Whitton Rd, www.englandrugby.com/twickenham*
Der Tempel des Rugby.

Lord's (E A1)
→ *St John's Wood Rd, www.lords.org*
Kricket.

Wimbledon Greyhound Stadium
→ *Plough Lane, www.lovethedogs.co.uk*
Windhundrennen.

AUSFLÜGE

Kew Gardens
→ *Kew Rd, U-Bahn-Station Kew Gardens, Tel. 020 8332 5655*
Berühmter Park mit großer botanischer Artenvielfalt aus dem 19. Jh. und Unesco-Weltkulturerbe. Japanischer Garten, Gewächshäuser, Pavillons.

Warner Bros. Studio Tour (Harry Potter)
→ *20 Zugminuten ab Euston Station, **Führungen** mit Res., tägl. 9–18.30 Uhr, 3 Std., www.wbstudiotour.co.uk*
Einmal durch die Kulissen für Harry Potter spazieren.

Hampton Court Palace
→ *East Molesey, Surrey, 35 Zugminuten ab Waterloo Station, Tel. 084 4482 7777*
Das Schloss von Heinrich VIII. Absolut sehenswert sind die Küchen der Tudorzeit und das riesige Heckenlabyrinth.

Dulwich Picture Gallery
→ *Gallery Rd, Dulwich Village, 10 Zugminuten ab Victoria Station bis West Dulwich Station, Tel. 020 8693 5254*
Eine der schönsten Sammlungen europäischer Malerei, mit Werken von Poussin bis Rembrandt.

Windsor Castle
→ *55 Zugminuten ab Waterloo Station bis Windsor and Eton Riverside Station, Tel. 020 7766 7304*
Das älteste Königsschloss (1070) mit schönen Barocksälen und einer sagenhaften Kunstsammlung.

Brighton
→ *55 Zugminuten ab Victoria Station* (**A** A4)
Der Badeort der Londoner mit viktorianischem Pier.

DIE THEMSE, ST PAUL'S CATHEDRAL UND DIE STADT AB WATERLOO BRIDGE

DIE PUBS

Nach 23 Uhr ...
1915 wurde im Interesse der Kriegsanstrengungen eine Sperrstunde eingeführt. Noch heute läutet um 22.50 Uhr die Glocke, und man eilt an die Theke, um sich ein letztes Pint zu holen!!
Gastropubs
Einige Hochburgen britischer Geselligkeit lassen auch die englische Gastronomie wieder aufleben mit regionalen Gerichten und neu interpretierten Klassikern. Nicht verpassen sollte man sonntags *Sunday Roast*, Schmorbraten aus dem Ofen und *Yorkshire Pudding*.

London Pass
→ *52–116 £/1–6 Tage (35–80 £ bis 15 Jahre) oder 65–159 £ (41–110 £) inkl. öffentl. Nahverkehr*
Freier Eintritt zu 56 Attraktionen und Ermäßigungen.
Eurostar-Ticket
»2 für 1« – zwei Eintritte zum Preis von einem.
Trinkgeld
Im Taxi und da, wo kein Bedienungsgeld auf der Rechnung steht: 10–15 %.

ÖFFNUNGSZEITEN

Läden
→ *Im Allgemeinen Mo–Sa 9–18 Uhr (Kaufhäuser 22 Uhr), manche auch So 11.30–18 Uhr*
Museen
→ *In der Regel tägl. 10–18 Uhr; Einlass bis 1 Std. vor Schließung.*
Ausgehen
Restaurants
→ *In der Regel 12–15 und 18.30–22.30 Uhr (letzte Bestellung)*
Pubs/Bars
→ *Tägl. 11–23 (So 22) Uhr*
Clubs
→ *In der Regel So–Do bis 3 Uhr, Fr–Sa bis 6 Uhr*

RESTAURANTS

In London kann man sehr gut essen – wenn man nicht aufs Geld schaut.
Pre-theatre Menus
Günstige Menüs, die am frühen Abend angeboten werden (etwa 18–20 Uhr).
Pubs und Gastro-Pubs
Restaurant oder Bar? Die Grenzen sind oft fließend, je nach Tageszeit.
Pubs: kleine Gerichte, deftig und günstig *(pie'n'mash)*.
Gastro-Pubs: raffiniertere Küche.
Spezialitäten
English breakfast: Speck, Wurst, *baked beans* (weiße Bohnen in Tomatensauce), Gemüse, Rührei oder pochierte Eier, Toast; *fish & chips*: Backfisch und Pommes frites; *toad in the hole*: in Teig gebackene Würstchen; *black pudding*: Blutwurst; *shepherd's pie*: Hackbraten unter Kartoffelbreikruste; *pie'n'mash*: Rinderpastete mit Bratensauce und Kartoffelpüree; *Pimm's*: Cocktail aus Gin, Limonade, Gurke, Früchten und frischer Minze.

AUSGEHEN

London bei Nacht
London bietet ein riesiges Spektrum an Konzerten und Partys. Nachts geht die Post ab in Soho (**B**), Notting Hill (**F**), Camden (**D**) und im East End (**C**)(**J**). Manche Bars verwandeln sich zu später Stunde in Konzert-Locations. Eintritt und oft rigorose Gesichtskontrolle.
Event-Verzeichnis
Time Out
→ *Di (gratis an U-Bahn-Haltestellen und in Museen)*
Evening Standard
→ *Mo–Fr*
Ticketverkauf
→ *www.ticketmaster.co.uk*
Eintrittskarten zu Theatervorstellungen, Konzerten, Sportereignissen etc.
TKTS (**B** C4)
→ *Leicester Square, Mo–Sa 10–19, So 11–16.30 Uhr*
Tickets am Tag der Veranstaltung 25–50 % reduziert.

EINKAUFEN

Shopping – in London ein Muss! Winterschlussverkauf ab 26. Dez., Sommerschlussverkauf ab Anfang Juli.
Feinkostgeschäfte
Traditionsreiche Läden und Sortimente bei Harrods (**G** D1) und Selfridges (**E** C4).
Märkte
Lebensmittel
Borough Market (**I** C2)
Secondhand-Kleidung & Trödel
Old Spitalfields Market (**C** F2), Portobello Road

HORSE GUARDS

BUCKINGHAM PALACE

★ **National Gallery** (**A** C1)
→ *Trafalgar Square, Tel. 020 7747 2885, tägl. 10–18 Uhr (Fr bis 21 Uhr)*
Eine der bedeutendsten Gemäldesammlungen der Welt mit Werken europäischer Meister vom 13.–19. Jh. Zu den berühmtesten zählen *Das Pfingstwunder* von Giotto, *Julius II.* von Raffael, *Sonnenblumen* von van Gogh und *Die Dame am Spinett* von Vermeer.

★ **National Portrait Gallery** (**A** C1)
→ *St Martin's Place, Tel. 020 7306 0055, tägl. 10–18 Uhr (Do/Fr bis 21 Uhr)*
Eine überwältigende Galerie von Porträts all jener, die zum Ruhm Großbritanniens beitrugen, von Thomas Morus über Shakespeare bis zur Königsfamilie.

★ **Trafalgar Square / Nelson's Column** (**A** C1)
In der Mitte des berühmten Platzes, der 1829 von John Nash (1752–1835) gestaltet wurde, umrahmen vier Löwen die Admiral Nelson (1758–1805) gewidmete Säule von 1842. Die Reliefs an ihrem Sockel bestehen aus der Bronze der Kanonen, die der Admiral bei seinen Siegen über die französische Flotte erbeutete. Am 31. Dezember scharen sich hier Menschenmassen um den riesigen, von Norwegen gestifteten Christbaum, um den Jahreswechsel zu begehen. Das restliche Jahr über belustigen Straßenkünstler die Touristen und Passanten vor der National Gallery.

★ **Horse Guards** (**A** D2)
→ *Whitehall,* ***Wachablösung*** *Mo–Sa 11, So 10 Uhr*
Vier Wachposten, die einen Helm mit weißem Federbusch tragen und hoch oben auf ihren Reitpferden sitzen, wachen vor Horse Guards, dem Hauptquartier der königlichen Garden und historischen Eingang zum St. James- und Buckingham Palace. Vor allem die spektakuläre Zeremonie der Wachablösung mit Stechschritt, Militärmusik und Kommandos zieht viele Schaulustige an. Ein guter Beobachtungsposten biet[et] sich vom Vorplatz auf der Seite des St James's Park.

★ **Buckingham Palace** (**A** A3)
→ *Tel. 020 7766 7300, Aug.: tägl. 9.30–19.30 Uhr (Kartenverkauf 17.15 Uhr), Sep.: tägl. 9.30–18.30 Uhr (Kartenve[r]kauf 16.15 Uhr)* ***Wachablösung*** *tägl. 11.30 (Aug.–März: nur jeden 2. Tag),* ***Royal Mews*** *Feb.–März, Nov.: Mo–Sa 10–16 Uhr, Apr.–Okt.: tägl. 10–17 Uhr*
Seitdem Königin Viktoria 1837 im Buckingham Palac[e] einzog, ist hier die Residen[z]

NATIONAL GALLERY

NATIONAL PORTRAIT GALLERY

Der Trafalgar Square öffnet sich auf die großen Straßen The Mall und Whitehall. An ihren Seiten erheben sich die Symbole der politischen und religiösen Macht im Land: königliche Residenz, Ministerien, Parlamentsgebäude und Kirchen. Doch auch das leicht Verwegene hat hier seinen Platz, wie es die Herrenboutiquen der St James's Street und Jermyn Street zeigen. Hinter den Victoria Tower Gardens trifft man rund um den Smith Square auf kleine Gässchen zwischen Häusern aus dem 18. Jahrhundert. Weiter südlich liegen Wohnviertel mit vielen Gebäuden aus dem Viktorianischen Zeitalter. Die Ruhe dieser Gegend verliert sich, je mehr man sich der geschäftigen Victoria Station nähert.

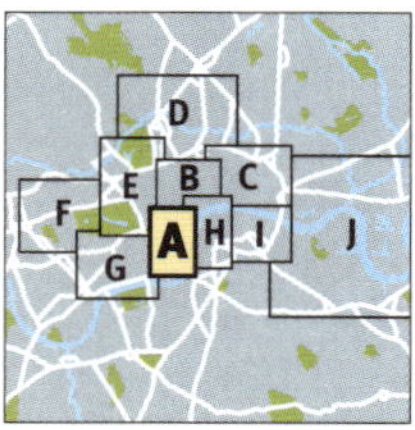

AL DUCA

GORDON'S WINE BAR

RESTAURANTS

Cellarium Cafe (**A** C3)
→ *20 Dean's Yard, Tel. 020 7222 0516, Mo–Fr 8–18, Sa 9–17, So 10–16 Uhr*
Hat man den Kreuzgang von Westminster Abbey durchquert, gelangt man in das schöne gotische Gewölbe (ehemaliger Vorratskeller), dort gibt es leckeres Frühstück, kreative Salate ... Gerichte 6–14 £.

Giraffe (**A** A5)
→ *120 Wilton Road, Tel. 020 7233 8303, Mo–Fr 8–23, Sa 9–23, So 9–22.30 Uhr*
Mezze, Toasts, Burger mit Rindfleisch oder Falafel, gegrillte Maiskolben ... das alles in pfiffigem Ambiente. Gerichte 9–12 €.

The National Dining Rooms (**A** C1)
→ *National Gallery, Sainsbury Wing, Tel. 020 7747 2525, tägl. 10–17.30 Uhr (Fr bis 20.30 Uhr)*
Im Restaurant der National Gallery gibt es unter einem Renaissancefresko englische Spezialitäten zu genießen. Gerichte 12–18 £.

The Wolseley (**A** A1)
→ *160 Piccadilly, Tel. 020 7499 6996, Mo–Sa 12–15 (Sa bis 15.30), 17.30–24, So 12–15.30, 17.30–23 Uhr*
Das glamouröse Kaffeehaus in einem prachtvollen italienisch inspirierten Gebäude von 1921 ist der ideale Rahmen für Geschäftsessen. Auf der Café-Karte stehen kleine britische und französische Gerichte: Eier Benedict, Meeresfrüchte, Sauerkraut, Coq au Vin, ... Untadeliger Service. Gerichte 14,50–30 £.

Matsuri (**A** B1)
→ *15 Bury St, Tel. 020 7839 1101, Mo–Sa 12–14.30, 18–22.30, So 12–15, 18–22 Uhr*
Kunstwerk zelebriert. Im Erdgeschoss gibt es feinstes Sushi; im Untergeschoss demonstrieren die Köche an den *teppan*-Tischen ihre Messerkünste. Menü 15 (mittags)–165 £.

Al Duca (**A** B1)
→ *4–5 Duke of York St, Tel. 020 7839 3090, Mo–Sa 12 (Sa ab 12.30)–23 Uhr*
Linguine mit Muscheln, gegrillter Wolfsbarsch, fruchtige Desserts: erlesene und kreative italienische Küche wird in stilvollem Ambiente serviert. Menü 16,50 (mittags)–33,50 £.

ER TIGER

FORTNUM & MASON

JERMYN STREET

CAFÉ, KULTURZENTRUM

Inn The Park (**A** C2)
→ *St James's Park,*
Tel. 020 7451 9999,
Okt.–März: tägl. 8 (Sa/So ab 9)–17 Uhr, Apr.–Sep.: tägl. 8 (Sa/So ab 9)–23 Uhr
Die große runde Holzhütte mit überdachter Terrasse erfreut beim Tee oder Imbiss zu jeder Jahreszeit mit bestem Blick auf den idyllischen Park und den See.

Institute of Contemporary Arts / ICA (**A** C1)
→ *The Mall,*
Tel. 020 7930 3647,
***Bar** Di–So 11–23,*
***Galerien** Di–Sa 11–18 Uhr (Do bis 21 Uhr),*
***Kino und Bibliothek** Di–So 11–21 Uhr*
Die ungewöhnliche Kombination aus Galerie und Kino ist seit 1948 Treffpunkt der britischen Avantgarde. Underground-Filme, Klassiker, Performances, Vorträge und eine tolle Bar.

BARS, CLUBS

Gordon's Wine Bar (**A** D1)
→ *47 Villiers St,*
Tel. 020 7930 1408,
Mo–Sa 10–23, So 12–22 Uhr
Tief im Keller versteckt sich die über hundertjährige Bar, in der Stimmengewirr die Musik ersetzt. Ihre 100 Weine kann man drinnen bei schummrigem Kerzenschein oder draußen auf der Terrasse mit Blick auf den Embankment Park verkosten.

Tiles (**A** A4)
→ *36 Buckingham Palace Rd,*
Tel. 020 7834 7761,
Mo–Fr 12–14.30, 17.30–22 Uhr
Nahe dem Lärm der Victoria Station ist diese Weinstube eine Oase der Ruhe, die mit gemütlichen Sofas im Untergeschoss zum entspannten Weingenuss einlädt.

Cinnamon Club (**A** C4)
→ *30–32 Great Smith St,*
Tel. 020 7222 2555,
*Mo–Sa 11 (Sa ab 12)–23.45 Uhr, **Cinnamon Bar** Mo–Sa 18–23.45 Uhr,*
***Restaurant** Mo–Fr 12–14.30, 18–22.45 Uhr*
Hinter den Türen der ehemaligen Westminster-Bibliothek findet man zwei Bars eines renommierten indischen Restaurants. Das EG steht voller Bücherregale; im UG laufen alte indische Filme.

Tiger Tiger (**A** C1)
→ *29 Haymarket,*
Tel. 020 7930 1885, tägl. 12–3 Uhr (So bis 24 Uhr)
Auf drei Etagen verbindet ein Labyrinth von Treppen und Gängen ein Restaurant, drei Bars und einen Club. Tagsüber ruhig, abends tobt hier der Rhythmus der Londoner Nächte.

Heaven (**A** D1)
→ *The Arches, Villiers St,*
Tel. 020 7930 2020,
***Club** Mo 23–5.30, Do/Fr 23–4, Sa 22–5 Uhr,*
***Konzerte** ab 19 Uhr*
Direkt unter den Gleisen von Charing Cross gelegen, lockt dieses beliebte Schwulenlokal mit *drag queens*, Bedienungen mit freiem Oberkörper, Go-go-Tänzern und knackigem Sound. Gäste jeder Orientierung sind herzlich willkommen.

EINKAUFEN

Fortnum & Mason (**A** B1)
→ *181 Picadilly,*
Tel. 020 7734 8040,
Mo–Sa 10–20, So 12–18 Uhr
Ein Tempel kulinarischer Raffinesse. Im beeindruckenden Gebäude gibt es Tee, *shortbreads*, Marmeladen und mehr in bewährter Qualität. Rote Teppiche, Lüster, Teesalon und Restaurants.

Waterstone's (**A** B1)
→ *203–206 Piccadilly,*
Tel. 084 3290 8549,
Mo–Sa 9–22, So 11.30–18 Uhr
Man wähnt sich in einer Bibliothek, doch handelt es sich hier trotz der einladenden Sofas und Sessel um eine Buchhandlung. Die 5th View Bar bietet einen schönen Ausblick.

Jermyn Street (**A** B1)
Die Straße der Herrenausstatter!

Davidoff of London
→ *Angle de St James's St,*
Tel. 020 7930 3079
Zigarren.

Turnbull & Asser
→ *71–72 Jermyn St,*
Tel. 020 7808 3000
Hochwertige Konfektionsbekleidung.

Floris
→ *89 Jermyn St,*
Tel. 020 7930 2885
Die Parfümerie besteht seit 285 Jahren.

Lock & Co (**A** B2)
→ *6 St James's St,*
Tel. 020 7930 8874
Seit 1676 gibt es diesen Hutmacher, er wird in der Stadt am meisten frequentiert.

Lobb (**A** B2)
→ *9 St James's St,*
Tel. 020 7930 3664
Der Hersteller von Maßschuhen arbeitet insbesondere für die königliche Familie.

▶ Plan B

BUCKINGHAM PALACE / R. MEWS

CHURCHILL WAR ROOMS

HOUSES OF PARLIAMENT /

▼ Plan H

WESTMINSTER ABBEY

TATE BRITAIN

r britischen Monarchen. e offiziellen Räume ste- n nur für einige Wochen Sommer zur Besichti- ng offen, doch zieht die chablösung vor dem ast das ganze Jahr über haren von Zuschauern . Auch sehenswert: die niglichen Stallungen (Ro- Mews) mit ihrer Samm- g von Prunkkutschen.

Queen's Gallery (A A3)
Buckingham Gate, Tel. 020 6 7301, Mitte Nov.–Mitte :: tägl. 10–17.30 Uhr
Kunstsammlungen der ne werden nach dem tationsprinzip in der ehe- ligen königlichen Kapel- gezeigt, die nach 1945 im klassizistischen Stil nach- gebaut wurde. Gemälde, Fabergé-Eier und französi- sches Mobiliar ...

★ Churchill War Rooms (A C3)
→ *Clive Steps, King Charles St, Tel. 020 7930 6961, tägl. 9.30–18 Uhr*
Im Zweiten Weltkrieg ver- schanzte sich Winston Churchill in diesem Bunker, seinem Hauptquartier. In den rekonstruierten Räu- men erfährt man viel über das Leben im Luftschutz- keller in Kriegszeiten.

★ Houses of Parliament / Big Ben (A D3)
→ *St Margaret St, Tel. 020 7219 4114, **Führungen** Sep.–Mitte Juli: Sa 9.15–16.15 Uhr, Mitte Juli– Aug.: Mo–Sa 9.15–16.15 Uhr*
Im neogotischen Gebäude an der Themse schlägt das politische Herz Englands. Hier sind das House of Lords (Oberhaus) und das House of Commons (Unter- haus) beheimatet. Man kann als Besucher auch den Parlamentsdebatten beiwohnen. Blick auf den Uhrturm Big Ben mit der berühmten Glocke.

★ Westminster Abbey (A D3)
→ *20 Dean's Yard, Tel. 020 7222 5152, Mo–Sa 9.30–16.30 Uhr, (Mi bis 10, Sa bis 14.30 Uhr)*
In dem Meisterwerk goti- scher Baukunst wurden seit 1308 fast alle britischen Monarchen gekrönt. In einer Kapelle kann der Krönungs- thron besichtigt werden. Die Abbey diente auch als Begräbnisstätte von Königen und anderen Persönlichkei- ten. So befinden sich in ei- ner Kapelle die sterblichen Überreste von Eduard dem Bekenner (1042–1066).

★ Tate Britain (A D5)
→ *Millbank, Tel. 020 7887 8888, tägl. 10–18 Uhr*
Die Tate Gallery wurde 2000 geteilt: Seither zeigt die Tate Britain ihre Schätze engli- scher Malerei, darunter Werke von Hogarth, Gains- borough, Reynolds, den Präraffaeliten und Turner.

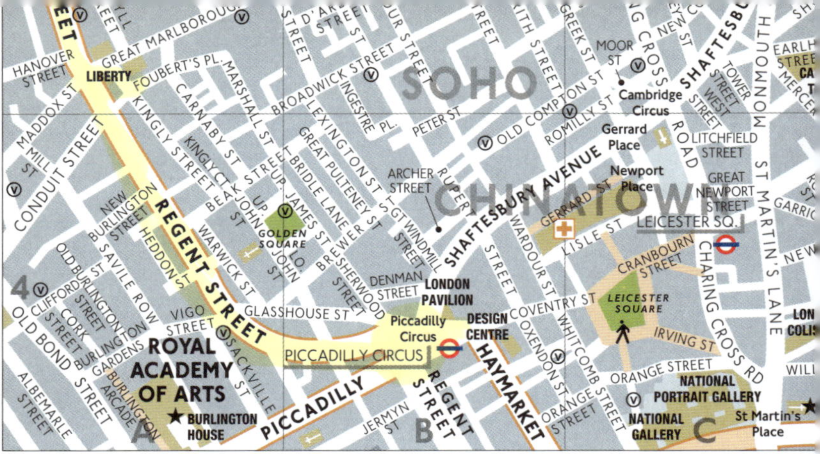

LONDON TRANSPORT MUSEUM

COVENT GARDEN

★ **British Museum** (**B** C2)
→ *Great Russell St, Tel. 020 7323 8299, tägl. 10–17.30 Uhr (Fr bis 20.30 Uhr)*
Das 1753 gegründete Archäologie- und Völkerkundemuseum besitzt über sechs Millionen Objekte. Zu den wichtigsten gehören der Stein von Rosette und die umstrittenen Elgin Marbles. Sehenswert sind auch der Innenhof mit seinem Glas-Metall-Dach (2000) von Norman Foster.

★ **Sir John Soane's Museum** (**B** E3)
→ *13 Lincoln's Inn Fields, Tel. 020 7405 2107, Di–Sa 10–17 Uhr,* ***Besichtigung bei Kerzenschein*** *erster Di im Monat 18–21 Uhr (frühzeitig kommen)*
Das Haus des Architekten und Kunstsammlers John Soane (1754–1837) erinnert an eine Art Kunsthöhle. Darin befinden sich Modelle seiner Entwürfe, Gemälde (u. a. von Turner), Bücher und Antiquitäten.

★ **Dr Johnson's House** (**B** F3)
→ *17 Gough Square, Tel. 020 7353 3745, Mai–Sep.: Mo–Sa 11–17.30 Uhr, Okt.–Apr.: Mo–Sa 11–17 Uhr*
Hinter der roten Ziegelfassade des Hauses von 1700 arbeitete der Gelehrte Samuel Johnson (1709–1784) neun Jahre lang an seinem legendären Wörterbuch der englischen Sprache (1755). Zu besichtigen sind Manuskripte, Kunstgegenstände und antikes Mobiliar.

★ **Temple** (**B** F4)
→ *Fleet St und Victoria Embankment (Mo–Fr), Tudor St (tägl.)*
Dieses Viertel, einst im Besitz der Tempelritter, bildet einen Bezirk für sich innerhalb der Stadt. Bereits im 14. Jh. siedelten sich hier Rechtsanwaltsschulen an. Rund um Middle Temple Lane empfängt den Besucher ein Labyrinth schmaler Gassen und kleiner Hinterhöfe. Hier befindet sich die berühmte Middle Temple Hall, wo 1600 Shakespeares Stück *Was ihr wollt* Premie feierte. Unbedingt einen Blick wert ist auch der Inn Temple mit seiner hübsch Rundkirche aus dem 12. J

★ **Somerset House** (**B** E
→ *Strand, Tel. 020 7845 4600 tägl. 10–18 Uhr*
Rund um einen Hof mit Springbrunnen im Somm und einer Eisbahn im Winter gruppiert sich dieser wunderschöne klassizistische Palast von William Chambers (1786). Er beherbergt eine Kunstsammlun und eine Galerie.

★ **Courtauld Gallery**
Die Sammlung, die der Industrielle Samuel Courtau (1876–1947) zusammen-

BRITISH MUSEUM

SIR JOHN SOANE'S MUSEUM

Zwischen Piccadilly Circus und Covent Garden herrscht eine pulsierende Geschäftigkeit. Während tagsüber die schicken Läden der Regent Street und der Touristentrubel der Oxford Street das Bild bestimmen, unterhalten abends zahlreiche Theater die Fans aller Bühnengattungen. Nachts schließlich erwacht das weltoffene Soho mit seiner Vielzahl an Restaurants, Bars und Sexshops zum Leben. Das weiter nördlich gelegene Bloomsbury verkörpert dank seiner literarischen Vergangenheit und der Londoner Universität Werte wie Bildung und Wissenschaft, dagegen steht Holborn mit seinen juristischen Seminaren für die Rechtsprechung.

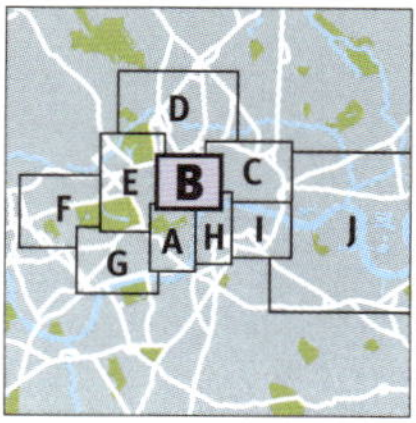

SPUNTINO

MASALA ZONE

RESTAURANTS

The Stockpot (**B** C3)
→ *18 Old Compton St, Tel. 020 7287 1066, Mo–Sa 9–24 (Mo/Di bis 23.30), So 12–23.30 Uhr*
Solide Hausmannskost zu kleinen Preisen im Herzen Sohos: Omeletts, Pasta und verschiedene Tagesgerichte. Gerichte 4–9 £.

Chinatown (**B** B4–C4)
Das chinesische Viertel mit einer großen Auswahl an Restaurants.

Harbour City (**B** C4)
→ *46 Gerrard St, Tel. 020 7439 7859, Mo–Do 12–23.30, Fr/Sa 12–24, So 11–22.30 Uhr*

New World (**B** C4)
→ *1 Gerrard Place, Tel. 020 7734 0677, tägl. 11–24 Uhr*

Spuntino (**B** B4)
→ *61 Rupert St, Mo–Mi 12–24, Do–Sa 12–1, So 12–23 Uhr*
Wer das Restaurant nicht gleich entdeckt, kann sich an der unübersehbaren Warteschlange orientieren. Eine einzige Esstheke zwischen ramponierten Kachelwänden muss das Verlangen der Gäste nach den Salaten und Miniburgern stillen. Minigerichte 4,50–10 £.

Masala Zone (**B** A3)
→ *9 Marshall St, Tel. 020 7287 9966, Mo–Sa 12–23, So 12.30–22.30 Uhr*
Schickes Lokal, nach Bollywood-Manier eingerichtet. Hier kann man recht günstig ausgezeichnete *thalis* (Tabletts mit verschiedenen kleinen Gerichten) genießen. Gerichte 6–15 £.

Andrew Edmunds (**B** B4)
→ *46 Lexington St, Tel. 020 7437 5708, Mo–Sa 12.30–15.30, 17.30–22.45, So 13–16, 18–22.30 Uhr*
In einem bezaubernden Haus aus dem 18. Jh. findet man einen kleinen Speisesaal, eine Theke und einige Tische. Je nach Marktangebot gibt es gebratene Wachteln mit Aioli, Markknochen und milden Zwiebeln, Kamm-Muscheln mit Sobrasada ... Gerichte 11–22 £.

Yauatcha (**B** B3)
→ *15–17 Broadwick St, Tel. 020 7494 8888, tägl. 12–23.30 Uhr (So bis 22.15 Uhr)*
Dim sum, Spezialitäten aus allen Regionen Asiens und fantastisches Gebäck in einem modernen geschmackvollen Speisesaal. Auf der einen Seite werkeln Heerscharen von Köchen hinter einem großen Fenster; auf der anderen schwimmen bunte Tropenfische die ganze Bar entlang. Gerichte 13–27 £.

MB & FLAG

NEAL STREET

PHONICA RECORDS

EISDIELE, TEESALON

Gelupo (**B** B4)
→ *7 Archer St, Tel. 020 7287 5555, Mo–Do 12–23, Fr/Sa 12–24, So 12–22 Uhr*
Beliebte *gelateria*, deren Angebot monatlich wechselt. Die besten Sorten der Saison gibt es in köstlichen kleinen Waffelhörnchen. Immer gut: Ricotta, Schokolade mit schwarzem Pfeffer, Vanille-Safran!

Princi (**B** B3)
→ *135 Wardour St, Tel. 020 7478 8888, Mo–Sa 7–24, So 8.30–22 Uhr*
Ofenfrische Brote türmen sich in großen Körben; Pizza, Focaccia und Gebäck locken in der langen Glastheke. Eine tolle mailändische Bäckerei.

Maison Bertaux (**B** C3)
→ *28 Greek St, Tel. 020 7437 6007, Mo–Sa 8.30–23, So 9.30–20 Uhr*
Herzlich willkommen in der ältesten (1871) Konditorei Londons! Feine Torten, Tartes und Tees …

BARS, PUB, KONCERTE, CLUB

Curzon Soho (**B** C4)
→ *99 Shaftesbury Avenue, tägl. 12–22 Uhr*
Im Untergeschoss des Curzon-Kinos wartet eine Bar mit gemütlicher Lounge. Wer sein Glas vor Filmbeginn nicht geleert hat, darf damit in den Kinosaal.

Lamb & Flag (**B** C4)
→ *33 Rose St, Tel. 020 7497 9504, Mo–Sa 11–23, So 12–22.30 Uhr*
Historischer Pub in Covent Garden. Wenn es bei schönem Wetter voll wird, steht man mit seinem Glas auch im Freien. Große Whisky-Auswahl.

The Borderline (**B** C3)
→ *Orange Yard, Manette St, Tel. 020 7734 5547, Mi–Sa 19–23 Uhr (Sa bis 4 Uhr), theborderlinelondon.com*
Eine *der* Rock-Pop-Locations in London, mit Konzerten und Clubabenden.

EINKAUFEN

James Smith & Sons (**B** C3)
→ *53 New Oxford Street, Tel. 020 7836 4731, Mo–Sa 10–17.30 Uhr (Sa bis 17.15 Uhr)*
Hinter der prachtvollen viktorianischen Fassade werden seit 1830 Spazierstöcke und Regenschirme verkauft und repariert.

Neal Street (**B** C3–D3)
Die Straße der Schuhläden.

Liberty (**B** A3)
→ *Great Marlborough St, Tel. 020 7734 1234, Mo–Sa 10–20, So 12–18 Uhr*
Ein Warenhaus mit Fachwerkfassade im Tudor-Stil. Seit dem Jahr 1875 versorgt Liberty die Londoner mit exquisiter und raffinierter Mode.

Burlington Arcade (**B** A4)
→ *51 Piccadilly, Mo–Sa 9–20, So 11–18 Uhr*
Die Beadles, eine Wachgarde in Livrée, wachen seit 1819 über diese prachtvolle Galerie mit eleganten Geschäften: Schmuck, Kaschmir, Luxuspapierwaren …

Hamleys (**B** A4)
→ *188–196 Regent St, Tel. 0371 704 1977, Mo–Sa 10 (Sa ab 9.30)–21, So 12–18 Uhr*
Spiele und Spielzeug auf sieben Etagen.

Carnaby Street / Kingly Court (**B** A3–A4)
Im Kultviertel der *Swinging Sixties* dreht sich alles um Mode. Heute verdrängen große Namen zunehmend unabhängige Marken. Keinesfalls verpassen sollte man die Seitensträßchen und die spannenden Läden der hübschen Einkaufsgalerie Kingly Court.

The Vintage House (**B** B4)
→ *42 Old Compton St, Tel. 020 7437 2592, Mo–Sa 9 (Sa ab 10)–23, So 12–22 Uhr*
Von den Klassikern bis hin zu seltenen Tropfen: 1500 Whiskysorten aus aller Welt, außerdem 250 Rum- und 100 Tequila-Sorten, Weine aus aller Herren Länder und eine große Auswahl kubanischer Zigarren.

Plattenläden in Soho

Ray's Jazz Shop (**B** C3)
→ *Foyle's, 107–109 Charing Cross Rd, Tel. 020 7437 5660, Mo–Sa 9.30–21, So 11.30–18 Uhr*
Im 3. Stock der Buchhandlung Foyle's befindet sich der bestsortierte Laden mit Jazz-CDs.

Reckless Records (**B** B3)
→ *30 Berwick St, Tel. 020 7437 4271, tägl. 10–19 Uhr*
CDs und Vinyl: Schnäppchen und Neuauflagen.

Sister Ray (**B** B3)
→ *75 Berwick St, Tel. 020 7734 3297, Mo–Sa 10–20, So 12–18 Uhr*
Das berühmte Schaufenster findet man auf dem Albumcover von Oasis »(What's the Story) Morning Glory?«. CDs und Vinyl: Neuheiten und Schnäppchen.

Phonica Records (**B** B3)
→ *51 Poland St, Tel. 020 7025 6070, tägl. 11.30–19.30 Uhr (Do–Sa bis 20 Uhr)*
Unabhängiges Electro-Label.

JOHNSON'S HOUSE

TEMPLE

SOMERSET HOUSE

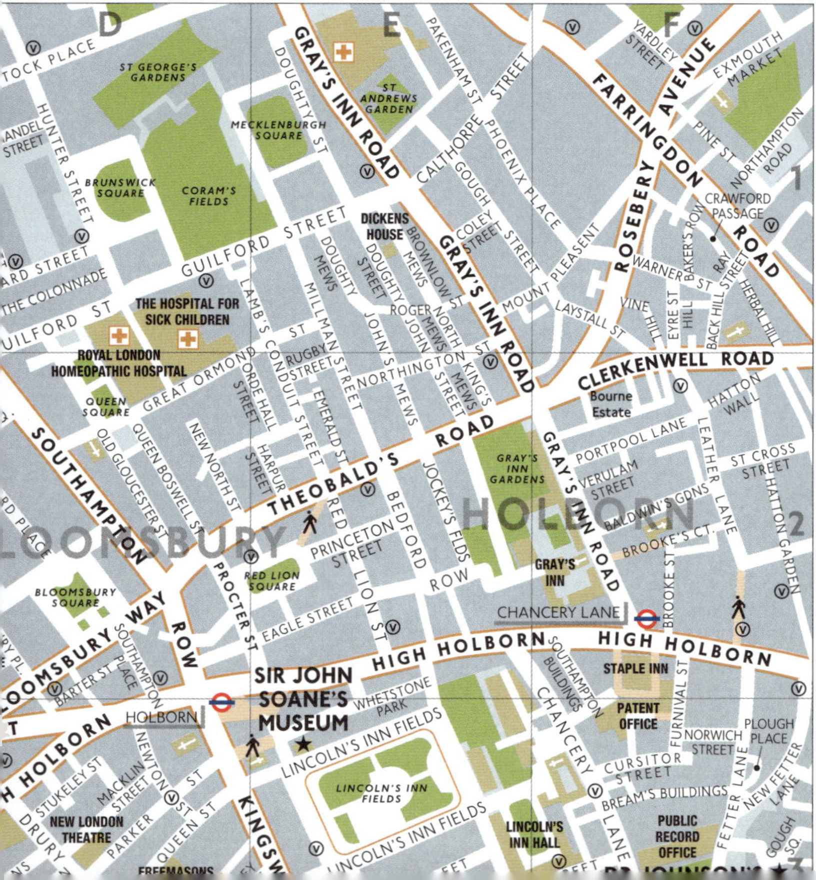

Plan D

Plan C

Plan H

YAL OPERA HOUSE

ROYAL ACADEMY OF ARTS

ragen hat, versammelt rühmte Gemälde der Impressionisten und Spätimpressionisten: u. a. Pissarro, net, Cézanne, Monet, noir, Gauguin, van Gogh d Modigliani. Außerdem: Dreifaltigkeitsbild von tticelli, 32 Werke von Runs, Bilder von Turner und uachen von Rouault.

Embankment Gallery
Do bei einzelnen Ausstellun- länger
tgenössische Kunst: sign, Architektur, Mode d Fotografie.

London Transport useum (**B** D4)
Covent Garden Piazza, 020 7379 6344, tägl. 10 (Fr ab Uhr)–18 Uhr
In einem Gebäude des ehemaligen Blumenmarkts von Covent Garden (1871) ist das Verkehrsmuseum untergebracht. Hier kann man in eine alte Trambahn steigen und sogar eine U-Bahn lenken!

★ **Covent Garden** (**B** D4)
Der Gemüsegarten der Mönche von Westminster Abbey und der Obst- und Gemüsemarkt, der bis in die 1970er-Jahre hier abgehalten wurde, sind verschwunden. Heute gibt es Boutiquen, Stände mit Kunsthandwerk, Restaurants und Cafés unter den Arkaden und in den Markthallen.

Royal Opera House (**B** D3)
→ *Tel. 020 7304 4000,* ***Führungen*** *nur mit Res., Mo–Sa 10.30, 12.30, 14.30 Uhr, Dauer 1¼ Std.*
Eine bedeutende Bühne, 1728 gegründet und besser bekannt unter dem Namen Covent Garden. Sitz des ausgezeichneten Royal Ballet und der Royal Opera. Führung hinter die Kulissen.

★ **St Martin-in-the-Fields** (**B** C4)
→ *8 St Martin's Place, Tel. 020 7766 1100, Mo–Fr 8.30–13, 14–18 (Mi bis 17), Sa 9.30–18, So 15.30–17 Uhr,* ***Konzerte*** *Mo, Di, Fr 13 Uhr*
Kirche in Form eines klassischen Tempels, in der neben Gottesdiensten auch kostenlose Mittagskonzerte und Abendkonzerte im Kerzenschein stattfinden.

★ **Royal Academy of Arts** (**B** A4)
→ *Burlington House, Tel. 020 7300 8000, tägl. 10–18 Uhr (Fr bis 22 Uhr),* ***Führungen*** *Di 13, Mi–Fr 13, 15, Sa 11.30 Uhr, Dauer 1 Std.*
Die seit 1769 für ihre Sommerausstellungen bekannte Akademie ist ganzjährig für Besucher geöffnet. Interessant sind die neopalladianischen John Madejski Fine Rooms und die Werke von Reynolds, Gainsborough und Constable.

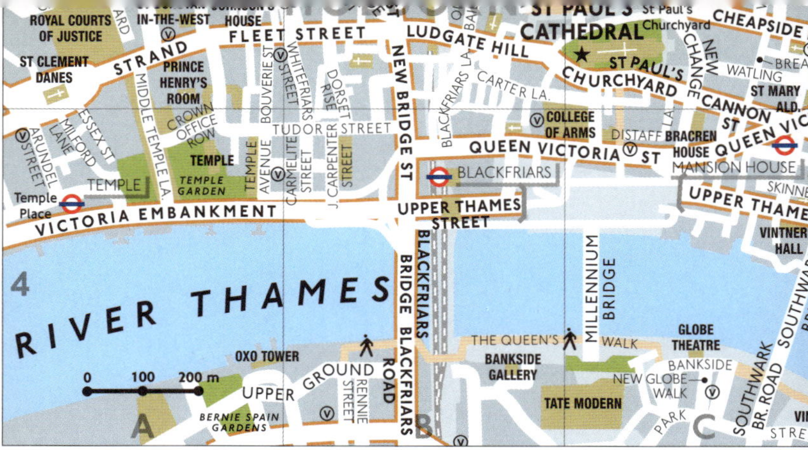

GUILDHALL

ST PAUL'S CATHEDRAL

MUSEUM OF LONDON

★ **Monument** (**C** D4)
→ *Monument St, Tel. 020 7626 2717, tägl. 9.30–17.30 Uhr (Apr.–Sep. bis 18 Uhr)*
Die 62 Meter hohe Säule wurde zur Erinnerung an den großen Brand (1666) erbaut. Wer die Treppe mit 311 Stufen erklimmt, wird mit tollem Panoramablick über die Stadt belohnt.

★ **St Stephen Walbrook** (**C** D4)
→ *39 Walbrook, Tel. 020 7626 9000, Mo–Fr 10–16 Uhr*
Prächtige englische Barockkirche, 1680 von Christopher Wren erbaut. Sehenswert ist die von Säulen getragene Kuppel.

★ **Leadenhall Market** (**C** E3)
→ *Gracechurch St, **Markt** Mo–Fr 10–18 Uhr*
Unterhalb der sechs Türme des 1986 von Richard Rogers errichteten Lloyd's Building liegt der Leadenhall Market, eine edle viktorianische Halle mit gusseisernen Arkaden und einer großen Glaskuppel. Sie beherbergt Läden, Restaurants und einen Blumen-, Schmuck- und Kunsthandwerkmarkt.

★ **Swiss Re Tower** (**C** E3)
→ *30 Saint Mary Axe*
An der Kreuzung mehrerer Straßen erhebt sich dieser beeindruckende Turm von Norman Foster (2004). Er ist nach dem Versicherungsunternehmen Swiss Re benannt, das ihn bauen ließ. Der Turm hat 41 Etagen und ist 180 Meter hoch, verkleidet mit einem Rautenmuster aus blauem und schwarzem Glas. Seine ungewöhnliche Form hat dem Gebäude den Spitznamen »Gherkin« (Gurke) eingetragen.

★ **Bank of England Museum** (**C** D3)
→ *Bartholomew Lane, Tel. 020 7601 5545, Mo–Fr 10–17 Uhr*
Das Museum zeigt die historische Entwicklung der Bank of England. Die 1694 gegründete Bank hütet in ihren Kellern die Goldreserven der Nation. Zu sehen sind echte Geldscheine und Fälschungen, Geldkoffer, Goldbarren, Tische von Geldwechslern etc.

★ **Guildhall** (**C** D3)
→ *Gresham St, Tel. 020 7332 1313, Mo–Sa 10–17, So 12–16 Uhr, bei Veranstaltungen geschl.*
Hinter der imposanten Fa sade (18. Jh.), die gotische griechische und orientalische Elemente vereint, ve birgt sich das administrati Zentrum der City. Hier tag jeden dritten Donnerstag der Gemeinderat, und die Mitglieder der traditionellen Gilden wählen seit 131 den Bürgermeister der Cit

MONUMENT

ST STEPHEN WALBROOK

LEADENHALL MARKET

Im Finanzzentrum von London pulsiert unter der Woche das hektische Leben, am Wochenende gleicht das Viertel einer Geisterstadt. Hier laden Baudenkmäler, die von der Brandkatastrophe 1666 und von den Luftangriffen im Zweiten Weltkrieg verschont blieben, dazu ein, Londons Vergangenheit zu entdecken. Im Gewirr der Gässchen stößt man immer wieder auf überraschende Kontraste: Architektur des 21. Jahrhunderts steht neben altehrwürdigen Kirchen und Bürobauten der 1970er-Jahre. Börsenmakler, Angestellte und Arbeiter drängen sich einträchtig an den Theken altbewährter Pubs. Knapp nördlich liegt Shoreditch, das überaus angesagte Viertel der Künstler und Kreativen.

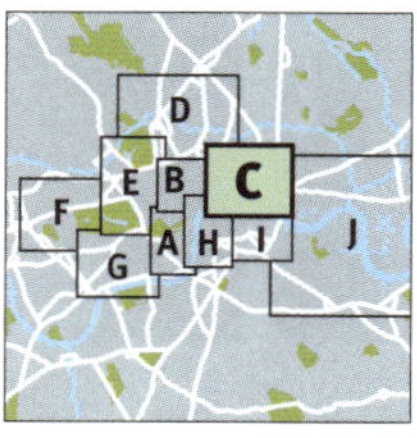

PIZZA EAST

ST JOHN BREAD & WINE

RESTAURANTS

Viet Grill (**C** E1)
→ *58 Kingsland Rd, Tel. 020 7739 6686, Mo–Do 12–23, Fr/Sa 12–23.30, So 12–22.30 Uhr*
In exotischem Ambiente gibt es vietnamesische Frühlingsrollen, *phó* (Suppe mit Rinderbrühe und Reisnudeln) und andere Köstlichkeiten – wie in den Straßen von Hanoi. Gerichte 7–11 £.

Busaba Eathai (**C** E1)
→ *319 Old St, Tel. 020 7729 0808, Mo–Do 12–23, Fr 12–23.30, So 12–22 Uhr*
In dezentem, holzdominiertem Interieur kommt aromatische, zeitgenössische Thai-Küche auf den Tisch: Currys, *pad thai*, Suppen und Nudelgerichte, dazu wird Zitronengrastee gereicht. Gerichte 7–12,50 £.

Pizza East (**C** E2)
→ *56 Shoreditch High St, Tel. 020 7729 1888, Mo–Mi 12–24, Do 12–1, Fr 12–2, Sa/So 10–2 Uhr*
Im trendigen Industriechic mit nacktem Beton gibt es an Edelstahltheken oder langen Tischen Antipasti und Pizza. Gerichte 7–17 £.

The Peasant (**C** B1)
→ *240 St John St, Tel. 020 7336 7726, **Restaurant** Di–Sa 18–22.30 Uhr, **Pub** tägl. 12–23 Uhr (So bis 22.30 Uhr)*
Ein renommierter Gastro-Pub. An der hufeisenförmigen Theke werden einfache, lecker zubereitete Speisen gereicht: Salate, Burger und Risotto zum Beispiel. Das Restaurant im Obergeschoss tischt gehobenere Küche wie Schellfischfilet, Lammkeule mit Kartoffelgratin oder Zimtapfelparfait auf. Gerichte 10,50 (Pub)–18 £.

Tramshed (**C** E1)
→ *32 Rivington St, Tel. 020 7749 0478, Mo–Fr 11.30–23 (Mi–Fr bis 0.30), Sa/So 10.30–0.30 Uhr (So bis 21.30 Uhr)*
Ein Werk von Damien Hirst, einem Star der Gegenwartskunst, thront im Zentrum dieses ehemaligen Straßenbahndepots: Mark Hix zeichnet hier für eine Speisekarte mit viel Fleisch und Geflügel verantwortlich: mariniertes Hähnchen vom Plancha-Grill und Pili-Pili, halbes Bauernhähnchen mit Pommes, Salat mit Rinderbraten und Meerrettich, Chateaubriand ... Gerichte 11,50–45 £.

St John Bread & Wine (**C** F2)
→ *94–96 Commercial St, Tel. 020 7251 0848,*

E BLACKFRIAR

CARGO

A. GOLD

Mo 12–15, 18–21, Di–So 12–15 (Sa/So bis 16), 18–23 Uhr, ***Frühstück*** *tägl. 9–11 Uhr*
Die Bäckerei von Starkoch Fergus Henderson ist nicht nur für ihr Frühstücksangebot berühmt, sondern serviert in ihren schlichten Räumlichkeiten auch später am Tag geschmackvolle Regionalküche. Ebenso gut besucht ist das Restaurant St John, *26 St John St* (**C** B2). Gerichte um 15 £.

CAFÉ, PUBS, KULTURZENTRUM

Look Mum No Hands (**C** C2)
→ *49 Old St, Tel. 020 7253 1025, tägl. 7.30 (Sa ab 8.30, So ab 9)–22 Uhr*
Ein nicht alltägliches Café, in dem die Gäste ihre Fahrräder reparieren lassen können, während sie sich mit Kuchen und Cappuccino stärken.

The Blackfriar (**C** B4)
→ *174 Queen Victoria St, Tel. 020 7236 5474, Mo–Sa 10–23, So 12–22.30 Uhr*
Mosaiken, vielfarbiger Marmor und Wandreliefs mit Mönchen prägen die kunstvolle Einrichtung dieses berühmten Pubs.

Ye Old Mitre (**C** B3)
→ *1 Ely Court, über 8 Hatton Garden, Tel. 020 7405 4751, Mo–Fr 11–23 Uhr*
Ein uralter Pub (1546), nur wenige Schritte vom Zentrum entfernt, aber in einer unauffälligen Passage versteckt. Ab dem Spätnachmittag ist hier richtig was los.

Jerusalem Tavern (**C** B2)
→ *55 Britton St, Tel. 020 7490 4281, Mo–Fr 11–23 Uhr*
Hinter der abgeschabten Fassade liegt ein Pub von altehrwürdigem Charme verborgen, der neben ausgefallenen Varianten wie Honigbier auch *Ruby Red Ale* und die Biere der Brauerei St Peter ausschenkt.

Barbican Centre (**C** C2)
→ *Silk St, Tel. 020 7638 8891, tägl. 9 (So ab 12)–23 Uhr, www.barbican.org.uk*
Sitz des London Symphony Orchestra und vielseitiges Kulturzentrum: Musik, Theater, Tanz, Film, Grafik ...

BARS, KONZERTE, CLUBS

DreamBags JaguarShoes (**C** E1)
→ *32–36 Kingsland Rd, Tel. 020 7729 5830, tägl. 12–1 Uhr*
Die Kreativität in all ihren Formen zu fördern, das ist das Credo der Gründer dieser fröhlichen Bar-Galerie mit Wandgestaltung aus Künstlerhand.

Cargo (**C** E1)
→ *83 Rivington St, Tel. 020 7739 3440, Mo–Do. 12–1, Fr/Sa 12–3, So 12–24 Uhr*
Dub, Reggae, Disco, Hip-Hop – täglich gibt es Konzerte in dieser Bar unter den Brückenbögen.

Fabric (**C** B3)
→ *77a Charterhouse St, Tel. 020 7336 8898, www.fabriclondon.com*
In den drei Sälen des Clubs treten internationale DJs auf. In einem davon ist die Tanzfläche mit einem System ausgestattet, das die Bassvibrationen überträgt: ein einmaliges Erlebnis.

EINKAUFEN

Smithfield Market (**C** B2)
→ *Charterhouse St, Mo–Fr 3–8 Uhr, am besten vor 7 Uhr da sein*
Der Fleischmarkt in einer grandiosen viktorianischen Markthalle ist lange vor Tagesanbruch voll in Betrieb. Ausgefallene Attraktion für Frühaufsteher!

Exmouth Market (**C** A1)
Eine beliebte Fußgängerzone mit vielen Terrassenlokalen und Geschäften.

Space EC1
→ *25 Exmouth Market, Tel. 020 7837 1344*
Pop-Art-Papierwaren, Holzspielzeug und andere knallbunte Accessoires.

Old Spitalfields Market (**C** F2)
→ *16 Horner Square, Mo–Mi, Fr 10–17 (Fr bis 16), Do, Sa/So 9 (Sa ab 11)–17 Uhr*
Die 1682 erbaute Markthalle hat die Zeitläufe überstanden. Das Äußere wurde kürzlich saniert. Am besten, man begibt sich gleich mitten hinein, um nach Antiquitäten (Mo–Do), Designerkleidung (Fr–So) und Bioprodukten (Sa/ So) etc. zu stöbern.

A. Gold (**C** F2)
→ *42 Brushfield St, Tel. 020 7247 2487, Mo–Fr 10–16, Sa/So 11–17 Uhr*
Traditionelle britische Produkte, in einem charmanten Laden. Salziges: *chutneys, pickles* und frisch zubereitete Sandwiches. Süßes wie Kuchen, Honig, *whiskey cakes* und Marmelade.

Relax Garden (**C** E1)
→ *40 Kingsland Rd, Tel. 020 7033 1881, tägl. 12–19 (20 Do–Fr, 18 Sa/So)*
Modische Kleidung und Accessoires in einer winzigen Boutique.

VISS RE TOWER

BANK OF ENGLAND MUSEUM

▼ Plan J

ARTHOLOMEW THE GREAT

GEFFRYE MUSEUM

ondon. Im großen, mit Wappen der Gilden chmückten Saal finden Staatsempfänge statt. Kunstgalerie zeigt rund o Werke zur Geschichte dons. Außerdem bein- tet es ein römisches phithater.

t Paul's Cathedral 3)

→ *t Paul's Churchyard, Tel. 020 6 8350, Mo–Sa 8.30–16 Uhr*

Ende des Zweiten Welt- gs ragte die Kathedrale, sterwerk des Architek- Christopher Wren, völlig kt aus dem umliegen- Trümmerfeld. Die Kup- wurde 1711 nach 26-jäh- r Bauzeit vollendet und in ihrer Größe lange Zeit nur von der des Petersdoms in Rom übertroffen. Von der Golden Gallery eröffnet sich ein herrlicher Blick über die Innenstadt. Auch die Innendekoration ist beeindruckend: Grinling Gibbons schnitzte das Chorgestühl, James Thornhill schmückte die Kuppel mit Fresken über das Leben des hl. Paulus aus. In der Krypta befinden sich die Gräber von Wren und Nelson.

★ **Museum of London** (**C** C3)

→ *150 London Wall, Tel. 020 7001 9844, tägl. 10–18 Uhr*

Ein fesselndes Museum über die Geschichte von London und das Alltagsleben seiner Bewohner vom römischen Londinium bis zur modernen Metropole. Rekonstruktion des großen Feuers von 1666, Modell der London Bridge.

★ **St Bartholomew the Great** (**C** C3)

→ *Church House, Cloth Fair, Tel. 020 7600 0440, Fr 8.30–16, Sa 10.30–16, So 8.30–20 Uhr*

Eine der ältesten Kirchen von London (12. Jh.). Die mächtigen Säulen des Chorumgangs gehören zu den wenigen erhaltenen Überresten normannischer Architektur in der Stadt. Nach dem Ordensverbot (16. Jh.) wurde die Kirche bis ins 19. Jh. zweckentfremdet – das Querschiff diente als Schmiede, die Krypta als Vorratskeller, die Lady Chapel erst als Wohnung, dann als Druckerei, der Kreuzgang als Stall.

★ **Geffrye Museum** (**C** E1)

→ *136 Kingsland Rd, Tel. 020 7739 9893, Di–So 10–17 Uhr,* ***Gärten*** *Apr.–Okt.*

Faszinierende Einblicke in die Wohnkultur des britischen Bürgertums. Die elf herrlich gestalteten Räume und fünf Gärten des ehemaligen Armenhauses (18. Jh.) veranschaulichen die Entwicklung des Wohnens vom 17. Jh. bis heute.

REGENT'S CANAL

ESTORICK COLLECTION

CAMDEN TOWN

★ **Charles Dickens Museum (D** E4)
→ *48 Doughty St, Tel. 020 7405 2127, tägl. 10–17 Uhr*
Nur das Ticken einer Standuhr unterbricht die Stille in dem Haus, in dem Dickens (1812–1870) von 1837–1839 lebte, und in dem er *Oliver Twist* und *Nicholas Nickleby* geschrieben hat. Porträts und Erinnerungsstücke, ein viktorianischer Salon und im Keller ein Gitter aus dem Gefängnis, in dem sein Vater inhaftiert war.

★ **Foundling Museum (D** E4)
→ *40 Brunswick Square, Tel. 020 7841 3600, Di–So 10 (So ab 11)–17 Uhr*
Wo bis 1926 das Foundling Hospital (Hospital für Findelkinder) stand, befindet sich ein Museum zu Ehren von Thomas Coram (1668–1751), der die Institution 1739 gründete. Eine Ausstellung zeigt das Elend der Straßenkinder und das Leben im Hospital: Kupferstiche von Hogarth (1697–1764), Gegenstände und Fotos. Im 1. Stock sind Werke philanthropischer Künstler aus dem 18. Jh. zu sehen: Gemälde von Ramsay, Hogarth und Reynolds sowie Partituren von Händel. Außerdem befindet sich hier ein herrlicher Rokokosalon (Court Room).

★ **Petrie Museum of Egyptian Archaeology (D** D4)
→ *Malet Place, UCL Bloomsbury Campus, Tel. 020 7679 2884, Di–Sa 13–17 Uhr*
Hier ist die Sammlung des Ägyptologen William Flinders Petrie (1853–1942) zu bestaunen: Statuen, Amphoren, Schmuck und eine Leinentunika von 2800 v. Chr.

★ **British Library (D** D3)
→ *96 Euston Road, Tel. 084 3208 1144, Mo, Fr 9.30–18, Di–Do 9.30–20, Sa 9.30–17, So 11–17 Uhr*
Das Gebäude (1997) von Colin St John Wilson (1922–2007) birgt auf 112 000 m² und 14 Etagen einen seit dem 18. Jh. gesammelten Bestand. Besondere Sch ze sind in der Sir John Rib Gallery zu entdecken: ein Bibel von Gutenberg, Buc malereien aus dem 15. Jh ein Notizheft von Leonarc da Vinci, Handschriften von Jane Austen, Charlott Brontë und Lewis Carroll wie die Magna Charta, mi der Johann Ohneland 121 seine Vereinbarungen mi dem revoltierenden engli schen Adel besiegelte.

★ **London Canal Museu (D** E3)
→ *12–13 New Wharf Rd, Tel. 0 7713 0836, Di–So 10–16.30 U*
Das im 19. Jh. gebaute Sp cherhaus diente einst da

CHARLES DICKENS MUSEUM

FOUNDLING MUSEUM

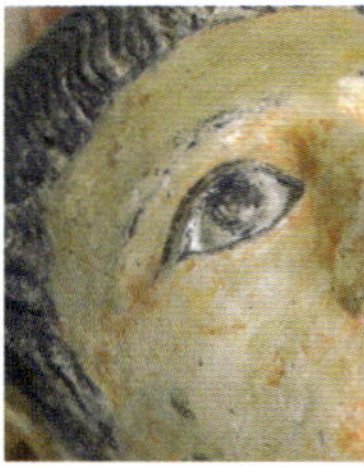

PETRIE MUSEUM OF EGYPTIAN

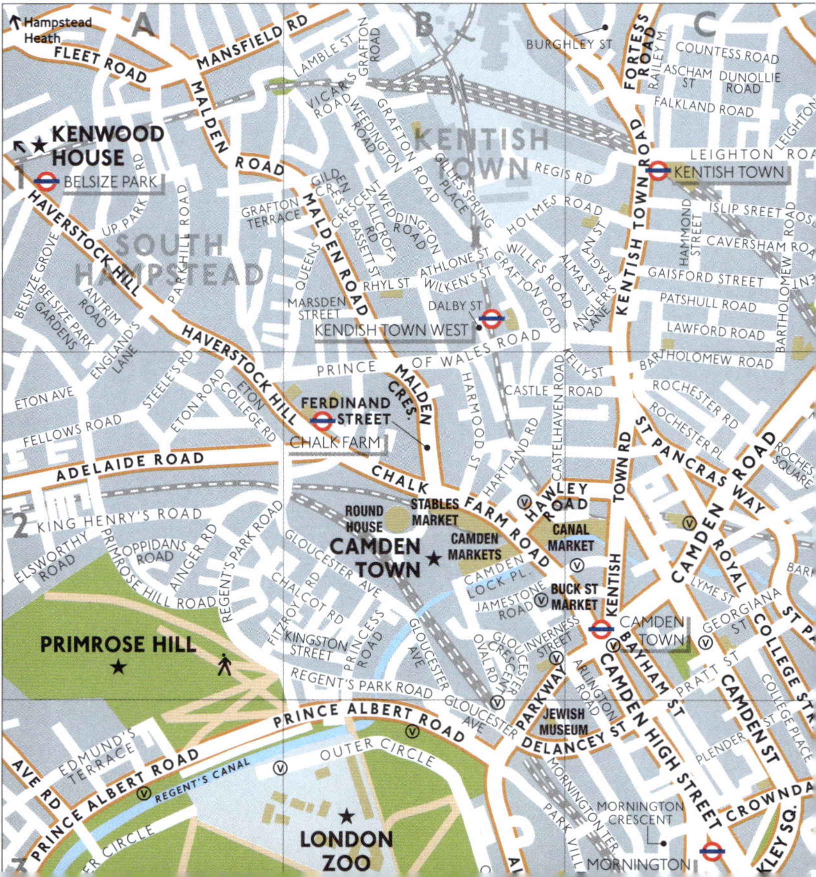

D

Islington / King's Cross / Camden / Hampstead

Der Norden von London ist nicht mehr so, wie Dickens ihn einst beschrieb: Richtung Osten reihen sich heute Restaurants, Bars und Geschäfte an der Upper Street des neuen In-Viertels Islington. Im Süden haben die British Library und der prachtvolle Bahnhof St Pancras den einstigen Industrievorort King's Cross geprägt. Camden Town im Nordwesten lockt mit Trödelmärkten und einer dynamischen Musikszene. Am Kanal, der zum Zoo fließt, erstrecken sich von viktorianischen Häusern gesäumte Straßen bis zum Primrose Hill. Weiter nördlich umrahmt lauschiger Wald die herrschaftlichen Villen von Hampstead.

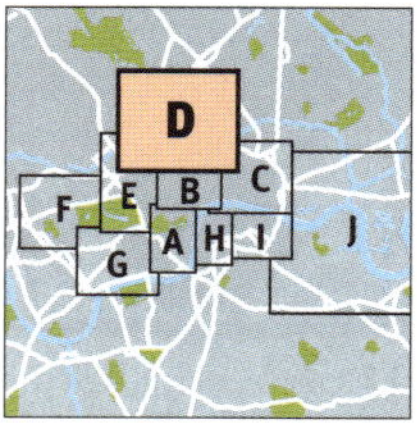

ISARN

NORTH SEA FISH

RESTAURANTS

Haché (**D** B2)
→ *24 Inverness St, Tel. 020 7485 9100, Mo–Do 12–22.30, Fr/Sa 12–23, So 12–22 Uhr*
Der König der Burger! Hier gibt es eine schier endlose Auswahl – mit Zwiebeln, Pesto, Stilton-Käse und anderen Leckereien, dazu knusprige Pommes. Burger 7–13 £.

Isarn (**D** F2)
→ *119 Upper St, Tel. 020 7424 5153, Mo–Fr 12–15, 18–23, Sa 12–23, So 12–22 Uhr*
Ansprechender moderner Rahmen für authentische Thai-Küche: Suppen, Schweinerippchen, gebratener Reis mit Ananas. Gerichte 8–14,50 £.

Trullo (**D** F1)
→ *300–302 St Paul's Rd, Tel. 020 7226 2733, Mo–Sa 12.30–14.45, 18–22.15, So 12.30–15 Uhr*
Das italienische Bistro mit Holzboden und weißen Tischdecken ist wegen seiner frischen Pasta und über Holzfeuer gegrillten Fleischgerichte beliebt: leckere Lende vom Longhorn-Rind mit Polenta. Gerichte 8,50–18,50 £.

Camino (**D** E3)
→ *The Regent's Quarter, 3 Varnishers Yard, Tel. 020 7841 7331, Mo–Sa 12–15 (Sa bis 16), 18–23, So 12–16 Uhr*
Nur ein paar Schritte vom Bahnhof St Pancras lädt eine Riesenauswahl an Tapas zum Aperitif, Mittag- oder Abendessen ein. Abends Musik (Do–Sa). Tapas 2,50–12,50 £, Gerichte 9–22,50 £.

North Sea Fish (**D** D4)
→ *7–8 Leigh St, Tel. 020 7387 5892, Mo–Sa 12–14.30, 17.30–22.30 Uhr*
Fish & chips, wie sie vor allem von den Fahrern der schwarzen Taxis geschätzt werden. Sehr frischer Fisch: Lachs aus Schottland, Schellfisch, dazu Pommes frites und Erbsen. Gerichte 10–20 £.

Caravan (**D** D3)
→ *1 Granary Square, Tel. 020 7101 7661, Mo/Di 8–22.30, Mi/Do 8–23, Fr 8–23.30, Sa 10–23.30, So 10–16 Uhr*
Gut besuchtes Lokal in einer ehemaligen Lagerhalle. Die Küche kennt keine Grenzen: Gnocchi mit Artischocken, Forelle mit Nori-Algenpüree, Pak Choi, Auswahl an Tapas ... Der Kaffee wird im Haus geröstet. Minigerichte 5–9 £, Gerichte 10–21,50 £.

TEESALON, PUB

Yumchaa (**D** B2)
→ *35–37 Parkway, Tel. 020 7209 9641, Mo–Fr 8–20, Sa/So 9.30–20 Uhr*

HOLLY BUSH

BRITISH BOOT COMPANY

CAMDEN MARKETS

Hinter der Front der ehemaligen Zoohandlung Palmers verbirgt sich jetzt ein kultiger Teesalon mit WLAN-Anschluss abseits vom Camdener Trubel. Über 30 Teesorten und frisch gebackener Kuchen.

The Holly Bush (außerhalb **D** A1)
→ *22 Holly Mount, Tel. 020 7435 2892, Mo–Sa 12–23, So 12–22.30 Uhr*
Lust auf ein Pint, eine dampfende *pie* und ein knisterndes Kaminfeuer? Dann nichts wie hin in diesen traditionellen Pub in einem adretten Häuschen aus dem 17. Jh. in Hampstead versteckt.

BARS, KONZERTBÜHNE

Dublin Castle (**D** B2)
→ *94 Parkway, Mo–Mi 13–1, Do–So 12–2 Uhr, thedublincastle.com*
Eine Institution in den nördlichen Vierteln der Stadt. Von Madness bis Amy Winehouse – auf der kleinen Bühne im hinteren Teil der Bar standen schon viele Rockstars. Livemusik jeden Abend.

KOKO (**D** C3)
→ *1a Camden High St, Tel. 087 0432 5527, So–Do 19–23, Fr 19–4, Sa 22–4 Uhr, www.koko.uk.com*
Ein Theater aus dem Jahr 1900, toll renoviert für die Rock- und Elektroszene. Großartige Konzerte. Ein wenig aufbrezeln muss man sich hier schon!

Union Chapel (**D** F2)
→ *Compton Terrace, Tel. 020 7226 1686, www.unionchapel.org.uk*
Hier kann man unter neugotischen Arkaden die Hüften schwingen: Folk, Jazz und Gipsy-Musik in einer Kirche, die noch als solche genutzt wird!

KULTURZENTRUM

Kings Place (**D** E3)
→ *90 York Way, Tel. 020 7520 1490, www.kingsplace.co.uk*
Hinter einer Glasfassade am Kanal residieren außer den Büros der Tageszeitung *The Guardian* zwei Galerien und zwei Konzertsäle, die für ihr anspruchsvolles Programm bekannt sind.

Proud Camden (**D** B2)
→ *Stables Market, Chalk Farm Rd, Tel. 020 7482 3867, Mi–Sa 11–2.30 Uhr (Mi bis 1.30 Uhr),* ***Galerie*** *tägl. 11–17.30 Uhr, www.proudcamden.com*
Die historische Pferdeklinik am Stables Market ist tagsüber Kunstgalerie und Restaurant, abends eine Bar mit Konzerten und Partys. Die ehemaligen Pferdeboxen wurden zu Sitznischen umgebaut.

The Round House (**D** B2)
→ *Chalk Farm Rd, Tel. 020 7424 9991, www.roundhouse.org.uk*
Nach ihrer aufwendigen Renovierung im Jahr 2006 wurde diese Rotunde von 1846 wieder zum Leben erweckt. In den Jahren 1960–70 traten hier Jimi Hendrix, Pink Floyd und andere Größen auf. Musik, Tanz, Theater, Zirkus und Kabarett.

EINKAUFEN

Camden Passage (**D** F3)
→ *So 11–16, Mo/Di 11–18, Mi–Sa 8 (Fr ab 10)–16 Uhr,* ***Flohmarkt*** *Mi–So*
Bouquinisten, Schmuck- und Klamottenläden. Diese Fußgängerinsel in Islington sollte man aber vor allem an den Flohmarkttagen erlebt haben!

British Boot Company (**D** C2)
→ *5 Kentish Town Rd, Tel. 020 7485 8505, tägl. 10.30–19 Uhr*
Das legendäre Verkaufslager der seit 1958 hergestellten Doc Martens hat Generationen von Skinheads, Punks und Rockern mit Stiefeln versorgt. Hier gibt es zahllose Modelle.

Camden Markets (**D** B2–C2)
→ *Chalk Farm Rd, tägl. 10–18 Uhr, am Wochenende ist am meisten los.*
Zu Recht die beliebtesten Flohmärkte der Stadt!
Buck Street Market
200 Klamottenstände zwischen Schallplattenhändlern und ausgeflippten Boutiquen.
Camden Lock Market
Mode, Accessoires, Kunsthandwerk und jede Menge exotische Imbissstände in einer urigen Backsteinhalle.
Stables Market
Möbel, Trödel und Mode in den umgebauten Stallungen von 1854.

Regent's Park Road (**D** A2–B2)
Eine hübsche Straße mit Cafés, Delis und Boutiquen.
Graham & Green
→ *164 Regent's Park Road, Tel. 020 7586 2960, Mo–Sa 10–18, So 11.30–17.30 Uhr*
Elegante Einrichtungsgegenstände.
Mary's Living and Giving Shop
→ *109 Regent's Park Road, Tel. 020 7586 9966, Mo–Sa 10–18, So 12–17 Uhr*
Stylischer Charity-Shop.

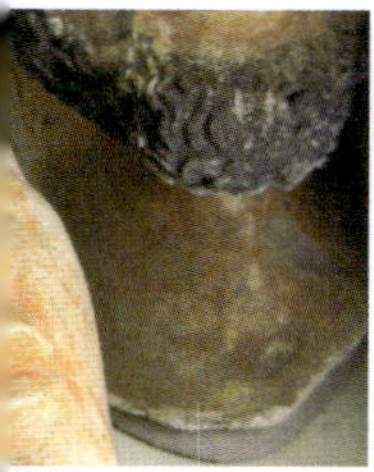

OGY

BRITISH LIBRARY

LONDON CANAL MUSEUM

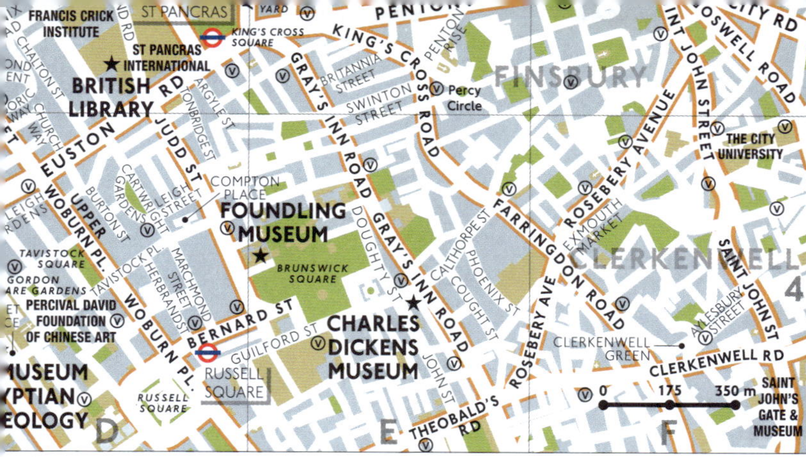

Plan C

PRIMROSE HILL

KENWOOD HOUSE

Norwegen importiertes zu lagern. Heute birgt es Museum, in dem man ie Welt der Londoner alschiffer eintaucht.

egent's Canal (**D** D2)
: 1820 verbindet dieser m lange Kanal das Be- n von Little Venice (**F** E1) den Docks (**J** D2) und chquert dabei Regent's k, Camden Town, Isling- und East End. Vom Lon- Canal Museum lässt es am Ufer angenehm zieren gehen.

storick Collection of dern Italian Art (**D** F2)
9a Canonbury Square, 020 7704 9522, Sa 11–18, So 12–17 Uhr
In einem georgianischen Gebäude zeigt die Sammlung italienischer Kunst von Eric Estorick (1913–93) u. a. kubistisch beeinflusste Werke von Vorreitern des Futurismus wie Balla, Boccioni, Carrà, Russolo und Severini, aber auch Arbeiten von Modigliani, de Chirico und Morandi.

★ **Camden Town** (**D** B2)
Alte Backsteinhäuser, extravagante Schaufenster, lebendige Flohmärkte, Underground-Musik und exotische Düfte machen den Stadtteil zum originellsten Viertel von London. In Camden Town gehört das Exzentrische zum Alltag. Punks und Gothics, und *beautiful people* begegnen sich hier zu jeder Tages- oder Nachtzeit.

★ **Primrose Hill** (**D** A2)
Westlich von Camden Town bietet der bescheidene »Schlüsselblumen-Hügel« einen weiten Blick über London und Hampstead. Zahlreiche Prominente leben hier.

★ **London Zoo** (**D** B3)
→ *Regent's Park, Tel. 020 7449 6200, Sep.–Mitte Feb.: tägl. 10–16 Uhr, Mitte Feb.–März: tägl. 10–17 Uhr, Apr.–Aug.: tägl. 10–18 Uhr*
Der Zoo von 1828 umfasst 15 Hektar und 13 denkmalgeschützte Gebäude und ist kontinuierlich bemüht, die Lebensbedingungen seiner Bewohner zu verbessern. Von Insekten bis zu Giraffen gibt es hier über 750 Arten.

★ **Kenwood House**
(außerhalb **D** A1)
→ *Hampstead Lane, U-Bahn Golders Green + Bus 210, Tel. 087 0333 1181, tägl. 10–17 Uhr*
Das elegante Herrenhaus (1766) am Rand von Hampstead Heath beherbergt Werke großer Meister (u. a. Rembrandt, Vermeer, Turner, Gainsborough) und Porträts aus der Elisabethanischen Ära. Sehenswert ist auch die prunkvolle Bibliothek von Robert Adam.

WALLACE COLLECTION

ALL SOULS CHURCH

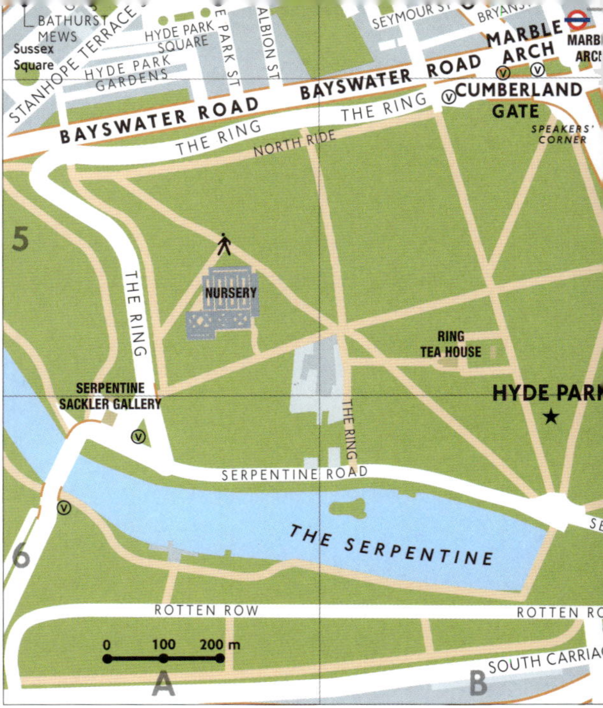

★ **Regent's Park** (**E** C1)
→ *Tel. 030 0061 2300, tägl. 5 Uhr bis Sonnenuntergang*
1811 erhielt John Nash, der große Baumeister des Klassizismus, von dem zukünftigen König Georg IV. den Auftrag, eine ideale Gartenstadt auf dem ehemaligen Anwesen des Herzogs von Portland anzulegen: am Parkrand Häuserzeilen mit Stuckfassaden und Säulenvorbauten, im Inneren Villen und rundherum bescheidenere Behausungen, die zu romantischen Dörfern gruppiert werden sollten. Aus Geldmangel wurde vieles nie realisiert, aber dafür wartet die weitläufige Grünanlage heute mit vielen anderen Attraktionen auf: Tennis- und Kricketplätzen, dem London Zoo, dem Rosengarten der Königin Mary und einer Freilichtbühne für 1240 Zuschauer, die von Mitte Mai bis Anfang September bespielt wird.

★ **Madame Tussauds** (**E** C3)
→ *Marylebone Rd, Tel. 0871 894 3000, Mitte Juli–Aug.: tägl. 9–19 Uhr, Sep.–Mitte Juli: Mo–Fr 9.30–17.30, Sa/So 9–18 Uhr*
Faszinierend in Szene gesetzte Wachsfiguren sowohl heutiger als auch historischer Persönlichkeiten. Marvels Comic-Superhelden verwandeln das alte Planetarium in einen 4-D-Abenteuertrip, und mit *Spirit of London* begibt man sich auf eine Zeitreise in die Geschichte der Stadt.

★ **Sherlock Holmes Museum** (**E** B3)
→ *221b Baker St, Tel. 020 7224 3688, tägl. 9.30–18 Uhr*
Für alle, die Watsons Pistole oder die Pfeife und die Geige von Conan Doyles berühmtem Detektiv einmal genauer unter die Lupe nehmen wollen ...

★ **Wallace Collection** (**E** C4)
→ *Manchester Square, Tel. 020 7563 9500, tägl. 10–17 Uhr*
Der vierte Marquis von Hertford (1800–1870) wa ein exzentrischer Dandy und gewiefter Kunstsamm ler. Er begeisterte sich für Malerei (Hals, Rembrandt Fragonard, Poussin) und Mobiliar (Riesener und Boulle) wie auch für Kuns gegenstände und Waffen. Sein Sohn, Sir Richard Wa lace, erweiterte die Samm lung, die seine Witwe 189 dem Staat vermachte, damit die Exponate in den a gestammten Räumen bleiben konnten.

★ **All Souls Church** (**E** D
→ *2 All Souls Place, Tel. 020 7580 3522, Mo–Fr 9.30–17.30, So 8.30–11.30 Uhr*

REGENT'S PARK

MADAME TUSSAUDS

SHERLOCK HOLMES MUSEUM

Mayfair genießt den Ruf, das vornehmste Viertel von London zu sein. Auch wenn Vivienne Westwood, die in den 1970er-Jahren den Punk-Look kreierte, hier eine Boutique besitzt, so entsprechen die Nobelhotels und Luxusgeschäfte der New und Old Bond Street wohl doch eher dem Image dieser Gegend. Das weiter nördlich gelegene Marylebone ist insgesamt belebter, vor allem rund um die Marylebone High Street. Dort gibt es noch einige wunderbare georgianische Fassaden. In der Umgebung des Regent's Park sind viele klassizistische Häuserzeilen erhalten wie die Cumberland Terrace mit ihren bombastischen Säulenvorbauten.

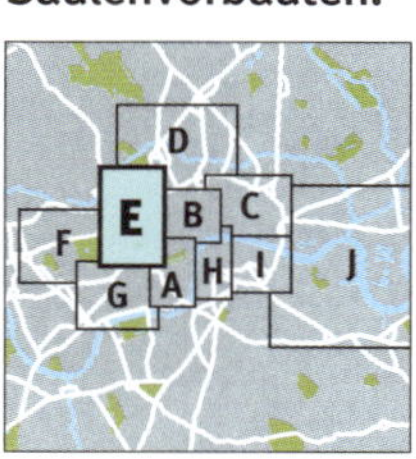

THE SEA SHELL

MAROUSH

RESTAURANTS

Nagomi (**E** D4)
→ *4 Blenheim St, Tel. 020 7165 9506, Mo–Fr 12–14.30, 18–22.30, Sa/So 12–15, 18–22.15 Uhr (So bis 21.30 Uhr)*
Verschiebbare Trennwände schirmen Küche und Restaurantbereich voneinander ab – die ganze Inneneinrichtung mit japanischen Anklängen ist sehr gelungen. Auf der Karte: Sushi, Tintenfischklößchen, Nudeln, Reiskuchen mit Bohnen. Gerichte 8–23 £.

Carluccio's (**E** C4)
→ *3–5 St Christopher's Place, Tel. 020 7935 5927, Mo–Fr 7.30–23.30, Sa 9–23.30, So 9–22.30 Uhr*
An einem hübschen Platz gelegen wird hier italienische Küche mit hochwertigen Zutaten zubereitet. Auch zum Mitnehmen. Gerichte 8,25–16 £.

The Sea Shell (**E** A3)
→ *49–51 Lisson Grove, Tel. 020 7224 9000, Mo–Sa 12–22.30 Uhr*
Frische Einrichtung in Grün und Weiß mit großer Marmortheke, an der es sehr gute *fish & chips* gibt. Gerichte 12,50–32,50 £.

Maroush (**E** B4)
→ *21 Edgware Rd, Tel. 020 7723 0773, tägl. 12–2 Uhr*
Seit 1980 serviert das libanesische Restaurant authentische Spezialitäten. Mittags gibt's eine Auswahl Mezze, abends gegrilltes Lamm oder Huhn mit einer Vielfalt kleiner Gerichte, untermalt von orientalischem Tanz. Gerichte 14–21 £.

Corrigan's Mayfair (**E** C5)
→ *28 Upper Grosvenor St, Tel. 020 7499 9943, Mo–Fr 12–15, 18–23, Sa 18–23, So 12–16, 18–21.30 Uhr*
Die geniale und dabei unprätentiöse Küche des irischen Küchenchefs Richard Corrigan: panierter Steinbutt, Bisque mit Cognac und Estragon, Schmorbraten vom Schwein mit Rüben und Aprikosen. Exzellente Weinkarte. Frühzeitig reservieren (vor allem fürs Wochenende). Gerichte 18–48 £.

Wild Honey (**E** D4)
→ *12 St George St, Tel. 020 7758 9160, Mo–Sa 12–14.30, 18–22.30 Uhr*
Patinierte Eichentäfelung, Kunstwerke und ein alter Dielenboden bilden den Rahmen für die sterngekrönte Gastropub-Küche: fein gewürzte Leberpastete, Birnen mit karamellisierten Nüssen und eine erlesene Käseauswahl.

MORE HALL

SOUTH MOLTON STREET

ALFIE'S ANTIQUE MARKET

Mittagsmenü 29,50 £, Gerichte 24–33 £.

TEESALONS

The Wallace (**E** C4)
→ *Wallace Collection, Manchester Square, Tel. 020 7563 9505, So–Do 10–16, Fr–Sa 10–16, 18–21.15 Uhr*
Zauberhafter Teesalon im Museum.

Rose Bakery (**E** D5)
→ *17–18 Dover St, Tel. 020 7518 0687, Mo–Sa 11–17, So 12–16 Uhr*
Im obersten Stockwerk des Dover Street Market: Suppen, hausgemachte Kuchen und Tagesgerichte, Fruchtsäfte und feine Tees.

The Lanesborough (**E** C6)
→ *Lanesborough Hotel, Hyde Park Corner, Tel. 020 7259 5599,* ***Teemahlzeiten*** *tägl. 16, 16.30, 17 Uhr*
Britische Teezeremonie in einem Nobelhotel am Hyde Park. Ein Tee-Sommelier empfiehlt ungewöhnliche Sorten. Dazu gibt es *scones* und anderes Gebäck, frische Erdbeeren und Sekt.

BARS, KONZERTE

Vinoteca (**E** B4)
→ *15 Seymour Place, Tel. 020 7724 7288, tägl. 12–23 Uhr (So bis 17 Uhr)*
Ein Hort des wahren Weingenusses mit rustikalem Charme in einem Gässchen nicht weit vom Marble Arch. Jede Woche ist eine andere Auswahl von 30 offenen Weinen zu verkosten, begleitet von warmen Gerichten oder Aufschnitt- und Käseplatten.

The Social (**E** D4)
→ *5 Little Portland St, Tel. 020 7636 4992, Mo–Mi 11.30–24, Do–Sa 11.30–1, So 18–1 Uhr*
Stammgäste entspannen sich hier zu den Klängen der Jukebox, bevor sie in die Bar im Keller wechseln, die um 18 Uhr öffnet. Konzerte.

Wigmore Hall (**E** C4)
→ *36 Wigmore St, Tel. 020 7935 2141, www.wigmore-hall.org.uk*
Kammermusik-Liebhaber schätzen die Akustik und das außergewöhnliche Programm.

EINKAUFEN

Dover Street Market (**E** D5)
→ *17–18 Dover St, Tel. 020 7518 0680, Mo–Mi 11–18.30, Do–Sa 11–19, So 12–17 Uhr*
Der faszinierende avantgardistische »Markt« von Rei Kawakubo ist ein Schlupfwinkel von Stylisten und Modedesignern! Bekleidung und Accessoires für Herren und Damen auf sechs Stockwerken.

Geo F. Trumper (**E** D5)
→ *9 Curzon St, Tel. 020 7499 1850, Mo–Fr 9–17.30, Sa 9–17 Uhr*
Rasierpinsel, schicke Rasiersets, Parfums und Eau de Toilette: Hier findet man die nobelsten Schönheitsprodukte für den Herrn. Einfach probieren: Gönnen Sie sich eine Rasur, Maniküre oder einen neuen Haarschnitt nach allen Regeln der Kunst.

Topshop Topman (**E** D4)
→ *214 Oxford St, Tel. 084 4848 7487, Mo–Fr 9–22, Sa 9–21, So 11.30–18 Uhr*
Eine Stadt der Mode, wo man alles, was zu einem angesagten Outfit gehört, zu günstigen Preisen findet– für jedes Alter, sogar für Babys.

Old und New Bond Streets (**E** D4–D5)
Der Inbegriff des Luxus!
Smythson of Bond Street
→ *40 New Bond St*
Hochwertige Büroartikel.
Alexander McQueen
→ *4–5 Old Bond St*
Aktuelle Damen- und Herrenkollektionen.
De Beers, Tiffany
→ *46–50 Old Bond Street*
Weltberühmte Juweliere.
Charbonnel et Walker
→ *28 Old Bond Street*
Ungewöhnliche Schokoladensorten – mit Minze, Lavendel, Himbeere, Rose etc.

South Molton Street (**E** D4)
Alles für die Damen.
Browns
→ *27 South Molton St*
Edle Mode.
Kurt Geiger
→ *65 South Molton St*
Schuhmacher der Spitzenklasse.

Selfridges (**E** C4)
→ *400 Oxford St, Tel. 080 0123 400, Mo–Sa 9.30–20 (Do bis 21), So 11.30–18 Uhr*
Ein Kaufhaus für jeden Geldbeutel. Die Lebensmittelabteilung hält besonders zu Feiertagen englische Spezialitäten bereit.

Alfie's Antique Market (**E** A3)
→ *13–25 Church St, Tel. 020 7723 6066, Di–Sa 10–18 Uhr*
Einer der größten überdachten Märkte (1976) im Land: vier Etagen mit Antiquitäten aus aller Welt, vom 18. Jh. bis zu Design des 20. Jh.

HANDEL HOUSE MUSEUM

SHEPHERD MARKET

GREEN PARK

▶ Plan D
▶ Plan B

APSLEY HOUSE

HYDE PARK

einzige noch existieren-
Kirche (1824) von John
n in London kombiniert
n runden Kolonnaden-
ikus mit einem koni-
en Spitzturm – ihr Spitz-
e: »Hochzeitstorte«.

**andel House
seum** (**E** D4)

*Brook St, Tel. 020 7495
, Di–Sa 10–18 (Do bis 20),
–18 Uhr*

an einem gepflasterten
gelegene Haus bezog
g Friedrich Händel
5–1759) im Jahr 1723.
ehen sind Privatgegen-
de, Partituren, eine
e seines Cembalos
Originalmanuskripte
einem *Messias*.

★ **Shepherd Market** (**E** D6)

→ *Zw. Curzon St und Piccadilly*

Dieser ruhige Ort liegt nur wenige Schritte von Piccadilly entfernt, verströmt jedoch mit seinen kleinen Fußgängerwegen und gepflasterten Höfen Dorfcharakter. Hier lag einst das Zentrum der *May Fairs* (Maimärkte), auf denen Korn und Vieh verkauft wurden.

★ **Green Park** (**E** D6)

→ *Tel. 030 0061 2350*

Weite Rasenflächen, Platanen und Linden, gusseiserne Bänke und Gaslaternen: Dieser schöne Park verströmt den Charme vergangener Zeiten.

★ **Apsley House** (**E** C6)

→ *149 Piccadilly, Hyde Park Corner, Tel. 020 7499 5676, Apr.–Sep.: Mi–So 10–18 Uhr, Okt.: 10–17 Uhr, Nov.–März: Sa/So 10–16 Uhr*

Das Wohnhaus von Feldmarschall Arthur Wellington (1769–1852), der Napoleon bei Waterloo (1815) bezwang. Er trug hier (teils auf Kriegszügen erbeutete) Kunstwerke und wertvolle Gebrauchsgegenstände zusammen. Zu sehen sind Gemälde (u. a. von Goya, Rubens und Velázquez), Gold- und Silberarbeiten sowie Porzellan und das Gedeck von der Waterloo-Siegesfeier.

★ **Hyde Park** (**E** B6)

→ *Tel. 030 0061 2000, tägl. 5–24 Uhr*

Der beliebteste Park Londons liegt mitten in der Stadt; hier geben sich Erholungsbedürftige, Liebespaare und Familien ein Stelldichein. Im Serpentine Lake findet an Weihnachten ein denkwürdiges Mitternachtsbad statt. Die Wege laden zum Flanieren, die Wiesen zu einem Picknick ein. Seit 1872 ist Speakers' Corner in der Nordostecke des Parks der Ort der Redefreiheit: Hier darf jeder seinem Herzen Luft machen und große Reden schwingen.

HOLLAND PARK

NOTTING HILL

★ **Kensington Gardens**
(**F** E2)
→ *Tel. 030 0061 2000, tägl. 6 Uhr bis Sonnenuntergang*
Den Park, in dem sich einst Königinnen der Gartenarbeit widmeten, haben heute die Kinder in Beschlag genommen: Sie lieben die ferngesteuerten Schiffe auf dem Round Pond ebenso wie das sommerliche Marionettentheater. Am Diana Memorial Playground können sie Tipis und Piratenschiffe erstürmen. Die Blumenbeete und Wasserspiele in den Sunken Gardens erinnern an die Tudor-Gärten des 15. Jh.

★ **Serpentine Gallery**
(**F** F3)
→ *Kensington Gardens, Tel. 020 7402 6075, Di–So 10–18 Uhr*
Im lichtdurchfluteten Inneren des einstigen Teepavillons sind heute Wechselausstellungen zeitgenössischer Kunst zu bewundern, seit 2013 auch in der von Zaha Hadid gestalteten Serpentine Sackler Gallery (**F** F2).

★ **Kensington Palace**
(**F** D3)
→ *Kensington Palace Gardens, Tel. 084 4482 7777, März–Okt.: tägl. 10–18 Uhr, Nov.–Feb.: tägl. 10–17 Uhr*
Seit 1689 eine der königlichen Residenzen. Königin Viktoria, die 1819 in seinem Kuppelsaal getauft wurde, hielt ihre erste Ratssitzung im Roten Salon ab. Lady Diana residierte hier seit ihrer Hochzeit. Zu besichtigen: Trompe-l'œil-Gemälde, Porträts und eine schöne Sammlung von Uniformen und Hoftrachten.

★ **18 Stafford Terrace**
(**F** C4)
→ *18 Stafford Terrace, Tel. 020 7938 1295,* ***Führungen*** *mit Res. Mitte Sep.–Mitte Juni: Mi, Sa/So 11.15, 13, 14.15 und 15.30 Uhr*
Hier lebte von 1874 bis 1910 Sambourne, Karikaturist der satirischen Wochenzeitschrift *Punch*. Gut erhaltenes Interieur im viktoriani-schen Stil; die Wände schmücken Karikaturen. Innenausstattung von William Morris!

★ **Leighton House** (**F** B4
→ *12 Holland Park Rd, Tel. 020 7602 3316, Mi–Mo 10–17.30 Uhr*
Hinter der klassischen Fas-sade verbirgt sich ein extr-vagantes Inneres. Der wei-gereiste Maler und Orient-list Frederic Leighton (183-1896) lebte hier zwischen Wänden in pompejischen Rot. Die Eingangshalle wä-eines arabischen Palastes würdig – vom Springbrun-nen bis zu den gemustert Kacheln. Andere Räume

KENSINGTON GARDENS

SERPENTINE GALLERY

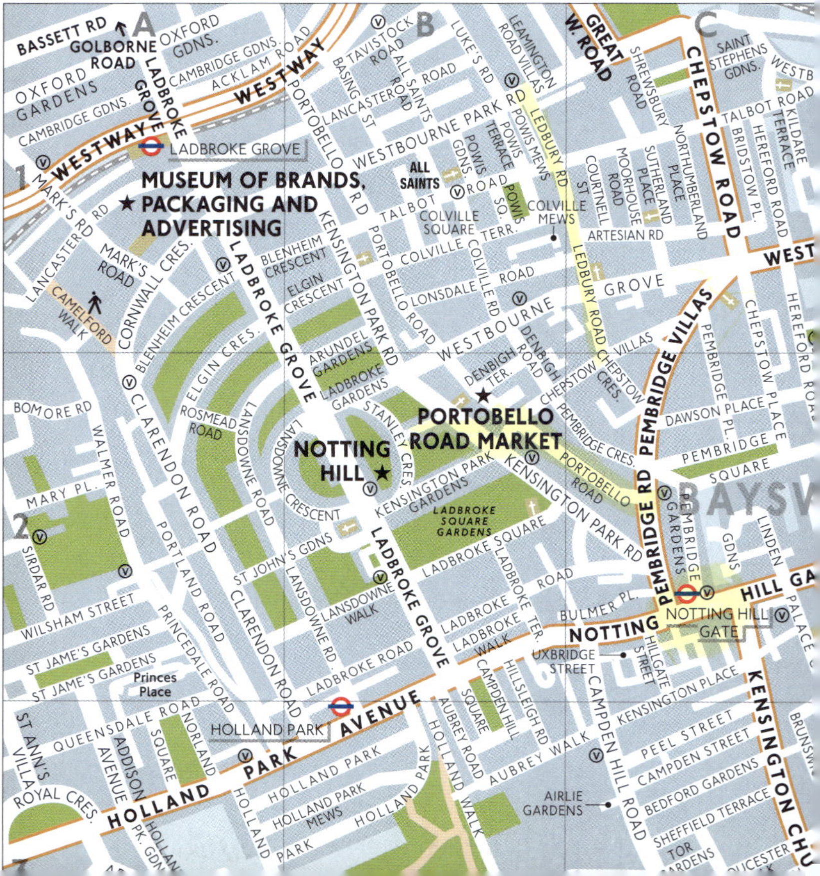

Kensington, einst Sommerfrische vor den Toren der Stadt und ab 1689 Königsresidenz, hat sich seinen Charakter als gemischtes Wohn- und Geschäftsviertel bewahrt: Boutiquen entlang der Kensington High Street, imposante Villen und umgewandelte *mews* (ehemalige Pferdestallungen) prägen das Bild. Im Norden von Notting Hill Gate macht der Zustrom wohlhabender junger Leute und Prominenter vergessen, dass Notting Hill lange eine Art Getto war. Nördlich der Portobello Road veranstaltet die karibikstämmige Bevölkerung jeden Sommer ein unglaubliches Straßenfest. Im Nordosten laden die Kanalufer von Little Venice zu romantischen Spaziergängen ein.

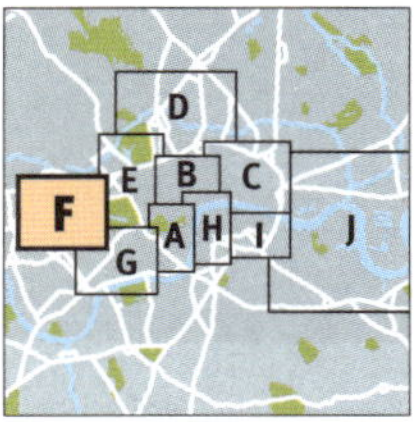

OTTOLENGHI

MAGGIE JONES'S

RESTAURANTS

Taqueria (**F** C1)
→ *139–143 Westbourne Grove, Tel. 020 7229 4734, So–Do 12–23, Fr 12–23.30, Sa 11–23.30 Uhr*
Schlicht eingerichteter, preisgünstiger und guter Mexikaner mit Tacos, Tortillas & Co.
Gerichte 5–7 £.

Electric Diner (**F** B1)
→ *191 Portobello Rd, Tel. 020 7908 9696, Mo–Mi 8–23, Do/Fr 8–24, So 8–22 Uhr*
Dieses sympathische Lokal mit Holztischen und lederbezogenen Sitzbänken liegt neben dem ältesten Kino der Stadt. Salate und gut gemachte kleine Gerichte wie die Burger und Markknochen locken ein kosmopolitisches Publikum an.
Gerichte 5–17 £.

Ottolenghi (**F** C1)
→ *63 Ledbury Rd, Tel. 020 7727 1121, Mo–Fr 8–20, Sa 8–19, So 9–18 Uhr*
Der für seine perfekt komponierten Salate und sein feines Gebäck berühmte Catering-Service hat im hinteren Bereich einige Tische, die bei der Schickeria von Notting Hill heiß begehrt sind. In der Glastheke türmen sich die verführerischen Tagesangebote.
Gerichte 11,50–14 £.

The Cow (**F** C1)
→ *89 Westbourne Park Rd, Tel. 020 7221 0021, Mo–Sa 7–23, So 12.30–22.30 Uhr, **Bar** Mo–Sa 12–23, So 12– 22.30 Uhr*
Im gemütlichen Gastro-Pub kann man sich in der Ofenecke mit Austern und Guinness stärken. Komplette Mahlzeiten im *Dining Room* im oberen Stock. Abends und für den traditionellen *sunday roast* reservieren.
Gerichte 12–23 £.

Kateh (außerhalb **F** E1)
→ *5 Warwick Place, Tel. 020 7289 3393, Mo–Do 18–23, Fr/Sa 12–16, 18–23, So 12–21.30 Uhr*
Persische Gastronomie der Spitzenklasse: gegrillte Sardinen mit Basilikum, *ghormeh sabzi* (Kalb mit Kräutern und roten Bohnen) und köstliche hausgemachte Desserts in direkter Nähe zu den Kanälen von Little Venice.
Gerichte 12–25 £.

Maggie Jones's (**F** D3)
→ *6 Old Court Place, Tel. 020 7937 6462, tägl. 12–14, 18–22 Uhr*
Hinter dem blumenbewachsenen Schaufenster meint man, ins Cottage einer Lady zu treten. Eine fröhliche Gästeschar

RCHILL ARMS

NOTTING HILL ARTS CLUB

CERAMICA BLUE

kommt schon seit 1960 hierher – dank der freundlichen Bedienung und wegen all der Köstlichkeiten. Gerichte mittags 8 £, abends 14,75–26 £.

TEESALON

The Orangery (**F** D3)
→ *Kensington Palace, Kensington Gardens, Tel. 020 3166 6113, tägl. 10–17 Uhr*
Eine gehobene Teemahlzeit oder einen Imbiss in dem hellen Gebäude genießen, das 1704 für die Königin errichtet wurde. Ab 26 £/Person.

BARS, PUBS, KINO, CLUB

Julie's Bar (**F** A2)
→ *135 Portland Rd, Tel. 020 7229 8331, tägl. 10–23 Uhr*
Oase der Ruhe und Romantik an einem Plätzchen in der Nähe des Portobello Road Market. Die Terrasse bietet Blick auf die hübschen Fassaden rundherum. Drinnen ziehen verschiedene Räume mit mediterraner, orientalischer oder britischer Einrichtung ein schickes Publikum zum Abendessen oder auf einen Drink an. Kinderbetreuung sonntagmittags (Reservierung erforderlich).

Churchill Arms (**F** C3)
→ *119 Kensington Church St, Tel. 020 7727 4242, Mo–Mi 11–23, Do–Sa 11–24, So 12–22.30 Uhr*
Die Decke und die Wände des Pubs sind mit vielen Gegenständen verziert: Körben, Schmetterlingen, Gemälden, Fotografien. Beliebt wegen der Stimmung am Abend und wegen der Thai-Gerichte.

Ladbroke Arms (**F** B2)
→ *54 Ladbroke Rd, Tel. 020 7727 6648, Mo–Sa 11.30–23, So 12–22.30 Uhr*
Im gelben Häuschen befindet sich ein gemütlicher Pub mit Kaminen, roten Polsterbänken, hellen Wänden und Terrasse.

Electric Cinema (**F** B1)
→ *191 Portobello Rd, www.electriccinema.co.uk*
Das legendäre Kino von 1911 war das erste Bauwerk, das speziell für Filmvorführungen errichtet wurde. Man versinkt hier in tiefen roten Ledersesseln, Sofas oder sogar großen »Betten« mit Kaschmirdecken.

Notting Hill Arts Club (**F** C2)
→ *21 Notting Hill Gate, Tel. 020 7460 4459, Di–Sa 19–2 Uhr*
Auf der Tanzfläche des Kellerlokals kann man sich zu rhythmischer Weltmusik wie Bailey-Funk, Gipsy Punk und asiatischem Drum 'n' Bass austoben und nebenher einen Cocktail schlürfen.

EINKAUFEN

Urban Outfitters (**F** D3)
→ *36–38 Kensington High St, Tel. 020 7761 1001, Mo–Sa 10–20 (Do/Fr bis 21), So 12–18 Uhr*
Organisiertes Chaos mit modischer Kleidung, bunten Accessoires, allerlei Dingen für die Wohnung, witzigen Duschvorhängen, Karten und Magazinen.

Fara Kids (**F** C1)
→ *39–41 Ledbury Rd, Tel. 020 7229 3634, tägl. 10–18 Uhr*
Ein Charity-Shop für die Jüngsten! Secondhandkleidung und -Accessoires von bekannten Kindermodemarken.

Oliver Bonas (**F** C2)
→ *42 Notting Hill Gate, Tel. 020 7221 8370, Mo–Fr 9.30–18.30, Sa 9.30–18, So 11–18 Uhr*
Bunte Auswahl an Accessoires, Mode, Möbeln und Dekoartikeln.

Rellik (außerhalb **F** A1)
→ *8 Golborne Rd (nach Oxford Gardens erste rechts auf der Ladbroke Grove), Tel. 020 8962 0089, Di–Sa 10–18 Uhr*
Einer der besten Vintage- und Secondhandläden für Bekleidung.

Paul Smith (**F** B1)
→ *Westbourne House, 122 Kensington Park Rd, Tel. 020 7727 3553, Mo–Mi 10.30–18.30, Do/Fr 10.30–19, Sa 10–19, So 12.30–17.30 Uhr*
Der Star der britischen Herrenmode hat seinen Flagship Store in einem hochherrschaftlichen edwardianischen Haus eingerichtet. Klassische Schnitte, ein wenig Retro und Ethno ...

The Spice Shop (**F** B1)
→ *1 Blenheim Crescent, Tel. 020 7221 4448, Mo–Sa 10–18, So 11–15 Uhr*
Hinter der leuchtend gelben Fassade liegt die Schatzkammer Ali Babas: Trockenfrüchte, Kräuter und Gewürze.

Books for Cooks (**F** B1)
→ *4 Blenheim Crescent, Tel. 020 7221 1992, Di–Sa 10–18 Uhr*
Kochbücher vom Boden bis zur Decke und ein winziges Restaurant.

Ceramica Blue (**F** B1)
→ *10 Blenheim Crescent, Tel. 020 7727 0288, Mo–Sa 10–18.30, So 12–17 Uhr*
Der hübsche kleine Laden bietet Originelles aus Glas, Ton etc.

SINGTON PALACE

18 STAFFORD TERRACE

LEIGHTON HOUSE

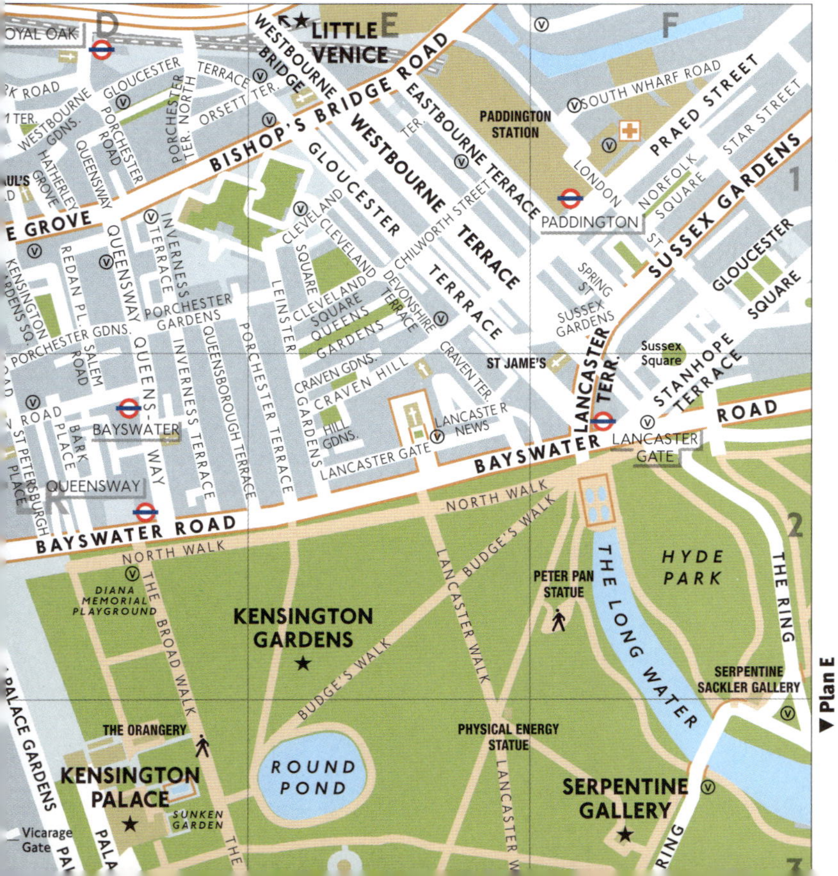

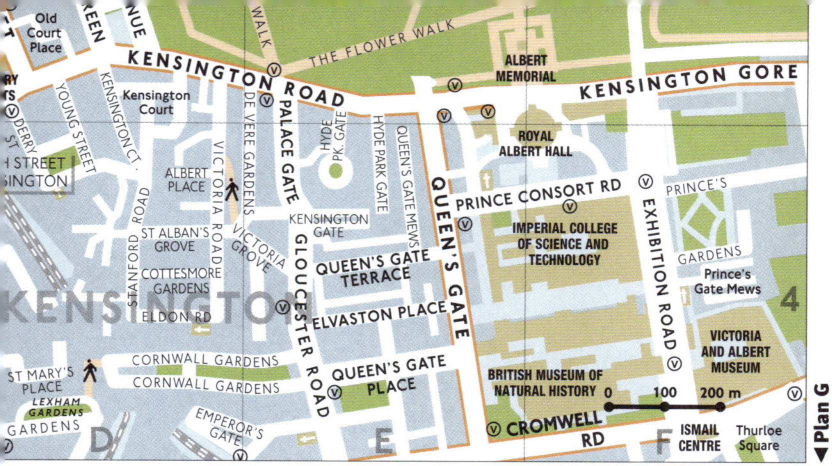

'OBELLO ROAD MARKET

MUSEUM OF BRANDS

LITTLE VENICE

erbergen eine reiche
äldesammlung mit
ken des Hausherrn und
Präraffaeliten wie
e-Jones und Millais.

olland Park (**F** B3)

gl. 7.30 Uhr bis Sonnen-gang

r der romantischsten s in London, mit Gärten apanischen und hollän-nen Stil, Rosen- und ärten. Dazwischen spa-n Pfauen. Der Park ge-e zum 1605 errichteten and House, von dem noch der Ostflügel er-en ist. An Sommer-den finden Theater-, n- und Ballettaufführ-en statt.

★ Notting Hill (**F** B2)

Notting Hill, bis etwa 1990 nahezu unbeachtet, zieht heute gut situierte junge Leute an, die gesellschaftliche Kontraste und ein Leben im Stil der Boheme suchen. Frisch renovierte Villen, schicke Geschäfte und Restaurants prägen dieses Viertel, in dem Prominente neben Kariben, Spaniern und Portugiesen leben. Ende August steigt hier der berühmte Notting Hill Carnival, ein gigantisches Straßenfest mit karibischer Musik und Gastronomie, das die *Black Britons* seit mehr als 50 Jahren organisieren.

★ Portobello Road Market (**F** B2)

→ *Portobello Rd, Mo–Sa 9–18 Uhr (Do bis 13 Uhr),* ***Antiquitäten*** *Sa 7–16 Uhr*

Den Markt besucht man am besten samstags, dann gibt es neben den Obst- und Gemüsehändlern unzählige Antik- und Trödelstände.

★ Museum of Brands, Packaging and Advertising (**F** A1)

→ *111–117 Lancaster Rd, Tel. 020 7908 0880, Di–Sa 10–18, So 11–17 Uhr*

Das kleine Museum illustriert die Geschichte von Marken, Verpackung und Werbung von der Viktorianischen Zeit bis heute mit zahlreichen Exponaten wie Dosen, Plakaten, Warenmustern etc.

★ Little Venice

(außerhalb **F** E1)

→ ***Puppet Theatre Barge*** *35 Blomfield Rd, Tel. 020 7249 6876*

Da, wo Grand Union Canal und Regent's Canal aufeinandertreffen, gab ein Becken früher den Frachtkähnen Platz zum Manövrieren, um in ein drittes Kanalstück einzulaufen und dort festzumachen. Heute sind auf diesen ruhigen Kanälen nur noch Hausboote und Enten unterwegs. Es gibt ein hübsches schwimmendes Marionettentheater.

CHRISTIE'S

CHELSEA PHYSIC GARDEN

★ **Royal Albert Hall** (**G** B1)
→ *Kensington Gore, Tel. 084 5401 5034 (Res.),* ***Führungen****, Programm: www.royalalberthall.com*
In dem berühmten Konzertsaal (1871) in Form eines römischen Amphitheaters aus rotem Backstein gibt es alles zu hören: Pop, Klassik, Jazz ... Die Royal Albert Hall zählt zu den Pflichtstationen der Weltstars der Musik. Im Sommer findet das berühmte Klassikfestival Proms statt. Gegenüber kann man dem Albert Memorial in Kensington Gardens einen Besuch abstatten.

★ **Brompton Oratory** (**G** C2)
→ *Brompton Rd, Tel. 020 7808 0900, tägl. 7–20 Uhr*
Barockkirche (1878) des katholischen Ordens der Oratorianer. Sie birgt zwölf Apostelstatuen von Giuseppe Mazzuoli (1644–1725).

★ **Victoria & Albert Museum** (**G** C2)
→ *Cromwell Rd, Tel. 020 7942 2000, tägl. 10–17.45 Uhr (Fr bis 22 Uhr)*
Königin Viktoria legte 1899 den Grundstein zu diesem größten Kunstgewerbe- und Designmuseum der Welt. Ein kompletter Rundgang umfasst elf Kilometer. Deshalb sollte der Besucher gezielt aus den insgesamt 146 Sälen auswählen. Ausgestellt sind u. a. Gemälde von Raffael, indische Stoffe, koreanische Keramik – die Auswahl an europäischer und asiatischer Kunst ist immens. Die indische Sammlung wird nur noch von Museen in Indien übertroffen. Hinzu kommen Skulpturen, Fotografien und viele Gemälde englischer Künstler.

★ **Science Museum** (**G** C1)
→ *Exhibition Rd, Tel. 020 7942 4000, tägl. 10–18 Uhr*
Ein Museum, das mit den jüngsten wissenschaftlichen Entwicklungen Schritt hält (Klonen, Marsmission, Gentechnik). Interaktive Spiele und Simulationen findet man auf vier Etage im neuen Flügel. Die älte Räume dokumentieren g ße Erfindungen des indu triellen Zeitalters und zeig einige legendäre Expona die erste Dampfmaschin die Raumkapsel Apollo 1 und eine V2-Rakete.

★ **Natural History Museum** (**G** B2)
→ *Cromwell Rd, Tel. 020 794 5000, tägl. 10–17.50 Uhr*
Schon die Fassade des M seums wimmelt von Pfla zen- und Tierdarstellung 78 Mio. Arten sind hier v sammelt, ausgestellt wir nur ein Teil davon, um di

ROYAL ALBERT HALL

BROMPTON ORATORY

VICTORIA & ALBERT MUSEUM

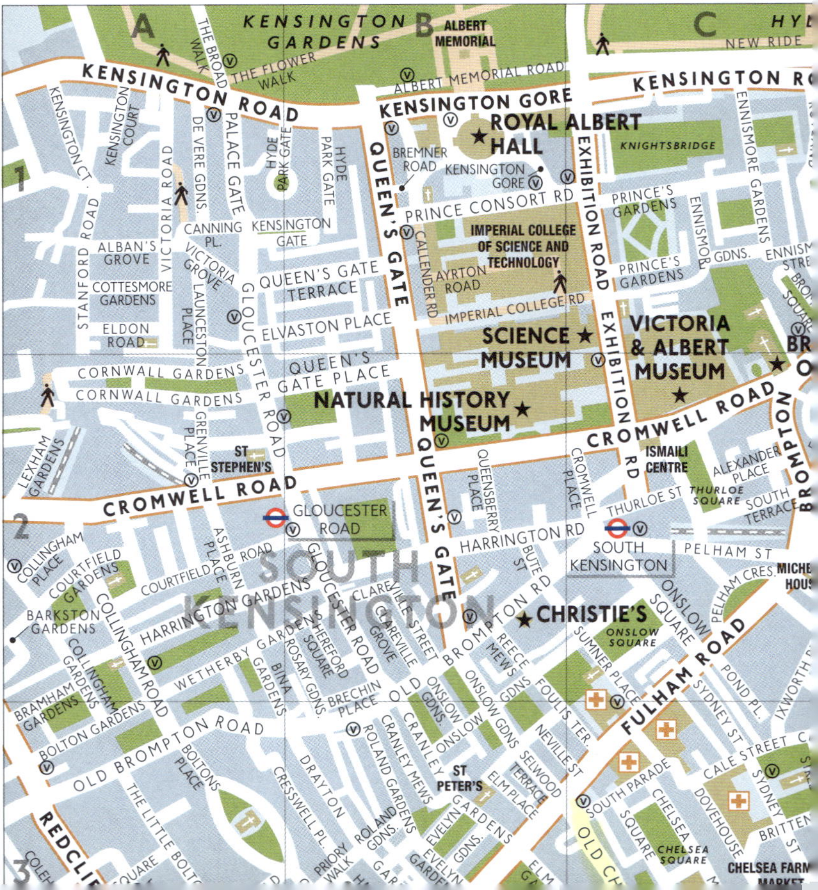

Eine Flaniermeile vor eleganter Kulisse: Von South Kensingtons berühmten Museen aus erreicht man über Knightsbridge das Nonplusultra des Luxusshoppings: Harrods und die Sloane Street, das Zentrum der Haute Couture. Weiter östlich verbergen sich hinter beeindruckenden Fassaden Botschaften und vornehme Luxusvillen. Ganz anders die lebendige und zugleich dörfliche Atmosphäre von Chelsea, wo Cafés, Antikläden und Modeboutiquen zu ungeplanten Geldausgaben verführen, während Gärten und blumengeschmückte Gassen, in denen einst viele Künstler wohnten, zu beschaulichen Spaziergängen einladen.

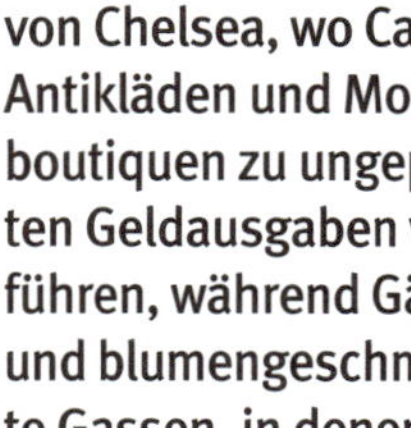

THE PHOENIX

BIBENDUM

RESTAURANTS

Amaya (**G** E1)
→ *15 Halkin Arcade, Motcomb St, Tel. 020 7823 1166, Mo–Sa 12.30–14.15, 18.30–23.30, So 12.45–14.45, 18.30–22.30 Uhr*
Im Halbdunkel der schönen Designereinrichtung kann man raffinierte Köstlichkeiten aus Indien probieren: gegrillte Austern mit Kokossauce, mit schwarzem Pfeffer mariniertes *tikka*-Huhn oder *shish kebab*, gefolgt von Schokokuchen mit *rasmalai*. Gerichte 10–36 £.

The Phoenix (**G** D3)
→ *23 Smith St, Tel. 020 7730 9182, Mo–Sa 11–23, So 12–22.30 Uhr*
Schlemmerlokal mit schöner Terrasse. Klassische, gut zubereitete Kneipenkost. Jeden Freitag *fish & chips*. Gerichte mittags 6–8,50 £, abends 11–16 £.

Pig's Ear (**G** C4)
→ *35 Old Church St, Tel. 020 7352 2908, Mo–Fr 12–15, 18–22, Sa 12–22, So 12–21 Uhr* ***Bar*** *tägl. 12–24 Uhr (So bis 23 Uhr)*
Ein typischer Gastro-Pub, der von den Schweineohren nur den Namen behalten hat. Es gibt moderne britische Küche: geschmorte Schweinebacken, Steak Tartare, *cheesecake*, alles bei Kerzenschein serviert in der Bar im Erdgeschoss oder im schönen Restaurant im 1. Stock.
Gerichte 11–22 £.

The Thomas Cubitt (**G** F2)
→ *44 Elizabeth St, Tel. 020 7730 6060, tägl. 12–16.30, 18–20 Uhr*
Eine wahre Institution in Belgravia! Zugleich Pub und elegantes Restaurant: schmackhafte Lammkeule, Rindfleisch mit Guinness-*pie*, Rehpfeffer, *fish & chips*, Fisch vom Markt ...
Gerichte 13,50–29,50 £.

Cambio de Tercio (**G** A3)
→ *163 Old Brompton Rd, Tel. 020 7244 8970, tägl. 12–14.30, 18.30–23.30 Uhr*
Große Gemälde mit Stierkampfszenen schmücken die Wände dieses freundlichen Lokals. Köstliche Auswahl an Tapas (Tintenfisch, Muscheln etc.).
Tapas 6–15 £,
Gerichte 18–28 £.

Bibendum (**G** C2)
→ *Michelin House, 81 Fulham Rd, Tel. 020 7581 5817, Mo–Fr 12–14.30, 19–23, Sa/So 12.30–15, 19–23 Uhr (So bis 22.30 Uhr)*
In einem mit Michelin-Männchen geschmückten

ANGLESEA ARMS

HARRODS

CATH KIDSTON

Art-déco-Bau serviert man in diesem hervorragenden Restaurant Meeresfrüchte-Teller und die Spitzenküche von Chefkoch Matthew Harris. Eine erschwinglichere Alternative bietet die Austernbar im Erdgeschoss. Gerichte 18,50–32,50 £.

Marcus (**G** E1)
→ *Wilton Place, Tel. 020 7235 1200, Mo–Sa 12–14.30, 18–22.30 Uhr*
Seit 2008 zaubert der britische Spitzenkoch Marcus Wareing, der sich mit zwei Michelin-Sternen schmücken darf, im vornehmen Restaurant des Berkeley Hotels raffinierte leichte Gerichte aus erstklassigen Zutaten. Außergewöhnliches vegetarisches Menü. Menü 35 £ (mittags), 85–120 £.

Café, Eisdiele

V&A Café (**G** C2)
→ *Victoria & Albert Museum, Cromwell Rd, Tel. 020 7942 2000, tägl. 10–17.15 Uhr (Fr bis 21.30 Uhr)*
Die modern gestylte Cafeteria ist passé: Heute genießen die Besucher ihren Tee oder Imbiss im historischen Rahmen dreier säulengeschmückter »Erfrischungsräume« mit prunkvollen Kaminen, hohen Decken, kunstvoll gekachelten Wänden und riesigen Kronleuchtern.

Oddono's (**G** B2)
→ *14 Bute St, Tel. 020 7052 0732, Nov.–März: tägl. 11–23, Fr/Sa bis 24 Uhr, Apr.–Okt.: tägl. 10–24 Uhr (Fr/Sa bis 1 Uhr)*
Italienische Eisdiele mit edlen Sorten aus sorgsam ausgewählten Zutaten.

Pubs, Bar

The Anglesea Arms (**G** B3)
→ *15 Selwood Terrace, Tel. 020 7373 7960, Mo–Sa 11–23, So 12–22.30 Uhr*
Ein typischer Pub mit anheimelnd britischem Ambiente und einer lauschigen Terrasse.

Fox and Hounds (**G** E2)
→ *29 Passmore St, Tel. 020 7730 6367, tägl. 12–23 Uhr*
In diesem kleinen Pub ohne Jukebox und Riesenfernseher kann man der Fashion-Szene von Chelsea entkommen.

Bar 190 (**G** B1)
→ *Gore Hotel, 190 Queen's Gate, Tel. 020 7584 6601, tägl. 12–1.30 Uhr*
Die Wände dieser Hotelbar sind mit Holz verkleidet; Dekor und Sofas lassen Nostalgie und die Atmosphäre der Kolonialzeit aufkommen.

Einkaufen

Harrods (**G** D1)
→ *87–135 Brompton Rd, Tel. 020 7730 1234, Mo–Sa 10–20, So 11.30–18 Uhr*
Ein Klavier, eine Ritterrüstung, ein Abendkleid? Die Auswahl an Luxus in diesem legendären Haus fasziniert (ist aber nicht jedermanns Sache). Nicht versäumen: die Lebensmittelabteilung!

Harvey Nichols (**G** D1)
→ *109–125 Knightsbridge, Tel. 020 7235 5000, Mo–Sa 10–20, So 11.30–18 Uhr*
Das schickste Kaufhaus von London ist Harrods in Sachen großer Marken deutlich überlegen. Restaurants und Cafés im 5. Stock.

Chelsea Farmers Market (**G** C3)
→ *125 Sydney St, tägl. 10–20 Uhr*
Dieser »Markt« besteht nicht aus Obst- und Gemüseständen, sondern aus schmucken Holzhütten mit schicken Biorestaurants und Läden. Here: Biolebensmittel; Cheeky Boo: Zigarren, Bonbons, CDs; Dri Dri: köstliches Eis.

Red Cross Vintage and Designer Charity Shop (**G** C3)
→ *69–71 Old Church St, Tel. 020 7376 7300, Mo–Sa 9–18 Uhr*
Die Londoner kleiden sich mit Vorliebe bei *charity shops* ein, die von karitativen Organisationen betrieben werden. Dieser gehört dem Roten Kreuz und hat sich auf Secondhand-Designermode spezialisiert: Alexander McQueen, Vivienne Westwood, Gucci oder Prada zu sehr annehmbaren Preisen.

Cath Kidston (**G** E2)
→ *27 King's Rd, Tel. 020 7259 9847, Mo/Di, Mi 9–17, Do 12–18, Fr/Sa 10–19, So 11–18 Uhr*
Blumen, Sterne, Erdbeeren oder Tupfen – Cath Kidstons poppigbunte Motive zieren Kinderkleidung, Gummistiefel, Picknickkoffer, Tischdecken, Handtücher und Servietten.

Brora (**G** B4)
→ *344 King's Rd, Tel. 020 7352 3697, Mo–Sa 10–18, So 12–17 Uhr*
Kaschmir aus Schottland in allen Farbtönen: Pullover, Jacken und Mützen in Grasgrün, Schokoladenbraun, Blütenrosa etc.

SCIENCE MUSEUM

NATURAL HISTORY MUSEUM

▶ Plan E

▼ Plan A

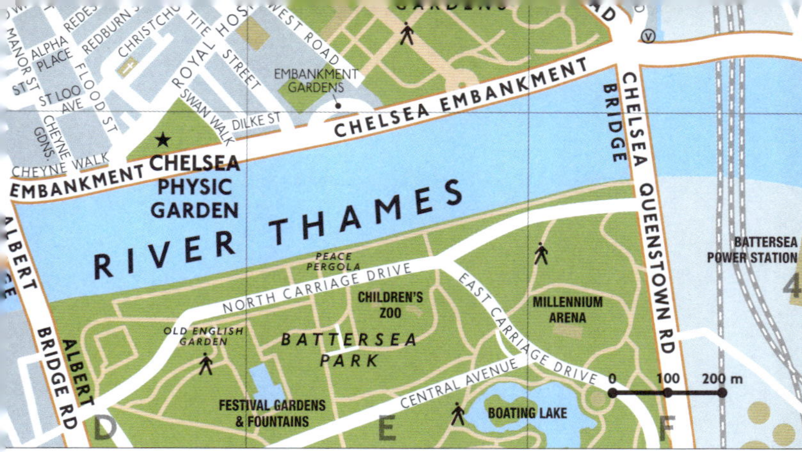

AL HOSPITAL

SAATCHI GALLERY

BELGRAVE SQUARE

falt des Lebens zu de-
ıstrieren. Das Spektrum
ht vom riesigen Dino-
rier bis zum kleinsten
ekt. Von Oktober bis Ja-
r wird auf dem Vorplatz
e Eisbahn eingerichtet.

hristie's (G B2)
5 Old Brompton Rd, 020 7930 6074, -19.30, Di–Fr 9–17, So 11–17 Uhr
e gute Möglichkeit, das ühmte Auktionshaus innen zu sehen, wo h Kunstvolles zu zivilen sen angeboten wird.

helsea Physic rden (G D4)
6 Royal Hospital Rd, 020 7352 5646, Apr.–Okt.: Di–Fr, So 11–18 Uhr, Nov.–März: Mo–Fr 9.30–16 Uhr
Einer der ältesten botanischen Gärten des Vereinigten Königreichs wurde 1673 von der Gesellschaft der Londoner Apotheker gegründet. Hier wurden deshalb zunächst insbesondere Heilkräuter angebaut. Im Lauf der Jahrhunderte sind immer mehr Pflanzen hinzugekommen. Die zwei Hektar große Grünfläche hat einen ganz besonderen Charme.

★ **Royal Hospital (G E3)**
*→ Royal Hospital Rd, Tel. 020 7881 5200, Mo–Sa 10–12, 14–16 Uhr, **Führungen** 10, 13.30 Uhr (1 Monat im Voraus reservieren)*
Ein im 17. Jh. gegründeter Ruhesitz für Armeeangehörige. In den Gärten findet im Mai die Chelsea Flower Show statt, die von der Königin eröffnet wird. Die 400 Pensionäre tragen Uniformen aus dem 18. Jh. und bei großen Anlässen den Dreispitz. Sehenswert: die Kapelle und das Refektorium.

★ **Saatchi Gallery (G E2)**
→ Duke of York's HQ, King's Rd, Tel. 020 7811 3070, tägl. 10–18 Uhr
Der reiche und streitbare Sammler Charles Saatchi zeigt in seinen neuen Räumen die Künstler, die er gefördert hat: Damien Hirst und seine Tiere, die in ein mit Formalin gefülltes Aquarium gefallen zu sein scheinen, außerdem Paula Rego mit ihrem magisch-realistischen Malstil.

★ **Belgrave Square (G E1)**
Schwer vorstellbar, dass dieser Platz, um den sich Botschaften und stattliche Häuser reihen, früher eine Räuberhöhle war. Das perfekt angelegte Ensemble wurde 1824 von Thomas Cubitt (1788–1855) entworfen. Sehr schnell besiedelten der Adel und die politische Elite die weißen, mit Stuck verzierten und von Kolonnaden gegliederten Wohnhäuser.

BFI SOUTHBANK

SOUTHBANK CENTRE / ROYAL FESTIVAL HALL

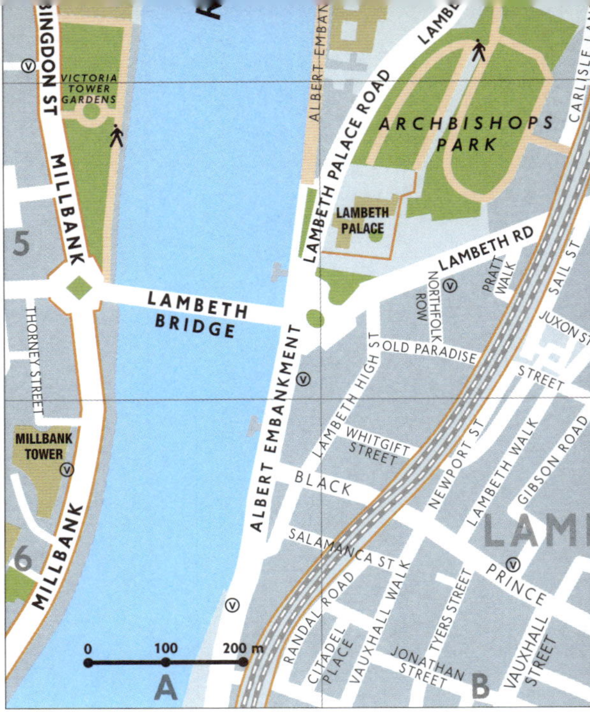

★ **Blackfriars Bridge**
(**H** D1)
Unter der bunten Brücke mit Flachbögen illustrieren Fresken die Geschichte der Umgebung und die Rolle, die der Themse einst zukam. Das aktuelle Bauwerk stammt von 1869, aber schon seit dem Jahr 1769 existiert an dieser Stelle eine Brücke. Es war damals die dritte, die den Fluss überspannte – bis 1738 verband nur die London Bridge die beiden Themse-Ufer.

★ **OXO Tower** (**H** C2)
→ *Barge House St*
Dank seiner roten Leuchtschrift ist der Turm an der South Bank abends gut auszumachen. Das Gebäude wurde Ende des 19. Jh. als Kraftwerk errichtet, später ging es in den Besitz der Fleischfabrik Liebig über, die dort ihren OXO-Extrakt verarbeiten ließ. Nach einer Umgestaltung im Art-déco-Stil beherbergt der Bau heute Wohnungen, Läden und ein Bar-Restaurant mit tollem Panorama.

★ **National Theatre**
(**H** B2)
→ *Tel. 020 7452 3000,* ***Führungen*** *Mo–Fr 10.15, 12.15, 17.15, Sa 10.30, 12.15, So 12.30 Uhr, Dauer 1.15 Std., www.nationaltheatre.org.uk*
Eine Festung? Nein, eines der renommiertesten Theater der Stadt! Das 1975 von Denys Lasdun entworfene Betongebäude verfügt über drei Bühnen, die sowohl Klassiker als auch Avantgarde-Stücke spielen. Führungen hinter den Kulissen geben Einblicke in die technischen Geheimnisse der Bühnenkunst (Treffpunkt beim Ausstellungssaal).

★ **BFI Southbank** (**H** B2)
→ *Tel. 020 7928 3232,* ***Mediathek*** *Di 13–20, Mi–Fr 12–20, Sa/So 12.30–20 Uhr,* ***Reuben Library*** *Di–Sa 10.30–19 Uhr, www.bfi.org.uk*
Das British Film Institute ist eine Hochburg der Cineasten. Vier Kinosäle für Filme, Retrospektiven und Veranstaltungen wie das London Film Festival und eine Mediathek, in der e seltene Perlen aus dem Archiv zu sehen gibt. Außerdem die Reuben Libr die die weltweit bedeutendste Sammlung von Büchern zu den Themen Kino und Fernsehen hüt

★ **Southbank Centre**
(**H** B2)
→ *Belvedere Rd, Tel. 020 7960 4200, www.southbankcentre.co.uk*
Die Streitigkeiten rund u dieses Kulturzentrum vo 1951 sind beigelegt. Der nüchterne graue Beton gehört heute zum Stadtbild, und die Qualität de

BLACKFRIARS BRIDGE

OXO TOWER

NATIONAL THEATRE

▲ Plan A

Nur wenig erinnert noch an die Vergangenheit dieses Viertels. Lange ist es her, dass das einstige Sumpfgebiet trockengelegt wurde. Während des Zweiten Weltkriegs wurden viele jener Fabriken zerstört, die im 19. Jh. kleine Dörfer in ein wichtiges industrielles Zentrum verwandelt hatten. Um den Trümmern etwas entgegenzusetzen, plante die Verwaltung am südlichen Themse-Ufer ein Kulturquartier, das es mit der City aufnehmen konnte. So entstand ab 1960 das South Bank Centre als Auftakt für eine ganze Reihe weiterer städtebaulicher Projekte. Queen's Walk folgte; von hier aus überblickt man die Themse und die nördlichen Stadtteile.

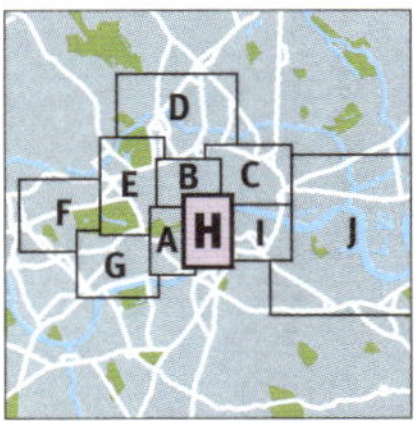

MESON DON FELIPE

BALTIC

RESTAURANTS

Meson Don Felipe (**H** D3)
→ *53 The Cut, Tel. 020 7928 3237, Mo–Sa 12–23 Uhr*
Boquerones (eingelegte Sardellen), Sardinen, Tortillas: Das kleine Lokal serviert äußerst beliebte Tapas. Sehr gesellige Atmosphäre. Tapas und Gerichte 4–10 £.

The Cut (**H** D3)
→ *Young Vic, 66 The Cut, Tel. 020 7928 4400, Mo–Sa 12–23 Uhr,* ***Bar*** *Mo–Fr 9 Uhr bis zum letzten Gast, Sa 10 Uhr bis zum letzten Gast*
Jung und heiter ist das Lokal im Young-Vic-Theater. Moderner Raum und Außengastronomie: Es gibt Salate und kleinere Gerichte (Fischfrikadellen, Burger). Man kommt auch zum Brunchen oder auf einen Cocktail. Gerichte 7–14 £.

Masters Super Fish (**H** D4)
→ *191 Waterloo Rd, Tel. 020 7928 6924, Mo–Sa 12–15, 16.30–22.30 Uhr (Fr bis 23 Uhr)*
Rote Ziegelwände, altmodischer Nippes und Fotos aus einer vergangenen Zeit ... Die Einrichtung des *fish-&-chips*-Lokals ist nicht sehr attraktiv, aber die Gäste haben ohnehin nur Augen für die gigantischen Portionen. Zu den Stammgästen zählen die Fahrer der Londoner *cabs*. Gerichte 7–16 £.

Anchor & Hope (**H** D3)
→ *36 The Cut, Tel. 020 7928 9898, Mo 17–23, Di–Sa 12–14.30, 18–22.30, So 14–17 Uhr (nur mit Res.)*
Zweifelsohne der Spitzenreiter unter den Gastro-Pubs des Südufers. Gemütliches Ambiente und Tagesgerichte mit regionalen Akzenten: Schneckensalat mit Speck, Lammschulter mit Kartoffelngratin. Gerichte 13–25 £.

House Restaurant (**H** B2)
→ *National Theatre, Tel. 020 7452 3600, Mo–Sa 12–14.30, 17.30–23, So 12–14.30 Uhr*
Vor oder nach einer Theatervorstellung kann man sich im edlen Restaurant des National Theatre stärken. Die Küche ist ausgezeichnet und serviert Filet mignon vom Schwein mit Spinat, gebratener Seezunge, Rinderbacke Burgunder Art oder Tartarsteak ... Gerichte 14,50–21,50 £.

Baltic (**H** D3)
→ *74 Blackfriars Rd, Tel. 020 7928 1111, tägl.*

ANA

THE CUT THEATRES

KONDITOR & COOK

12–15, 17.30–23.15 Uhr
Durch ein Glasdach fällt das Licht in den kühl-elegant designten Speisesaal. Zum Aufwärmen gibt es Wodka, Lachs und Bœuf Stroganoff. Jazzkonzerte am Sonntagabend. Gerichte 15,50–18,50 £.

CAFÉS, PUBS, BARS

Scooter Caffè (**H** C4)
→ *132 Lower Marsh, Tel. 020 7620 1421, So–Do 8.30–23, Fr/Sa 9.30–24 Uhr*
Flippiges Café mit zusammengewürfeltem Antikmobiliar in einer Vespa-Werkstatt. Ideal, um einen exquisiten Kaffee zu genießen, die Lunchbox auszupacken oder ein Glas zu trinken.

Fire Station (**H** C3)
→ *150 Waterloo Rd, Tel. 020 7620 2226, Mo 9–23, Di–Do 9–24, Fr/Sa 9–1, So 11–22.30 Uhr*
Ein beliebter, abends überfüllter Pub in einer alten Feuerwache. Es gibt eine große Auswahl an Fassbier und Weinen.

OXO Tower Bar (**H** C2)
→ *OXO Tower Wharf, Barge House St, Tel. 020 7803 3888, Mo–Do 11–23, Fr/Sa 11–24, So 12–22.30 Uhr*
Im 8. Stock des OXO-Turms genießt man zu raffinierten Cocktails den wunderbaren Blick über Themse und City. In der angrenzenden Brasserie jeden Abend Livejazz.

Cubana (**H** C3)
→ *48 Lower Marsh, Tel. 020 7928 8778/ 075 8287 9389, Mo/Di 12–24, Mi/Do 12–1, Fr 12–3, Sa 13–3, So 14–23 Uhr*
Eine erfrischende und lebhafte Bar: Getränke und Musik im lateinamerikanischen Stil in einer Einrichtung, die religiösen Kitsch, bemalte Stühle, Porträts von Che Guevara und Fotos von Kuba vereint. Cocktails, Bier, Wein und Tapas. Salsa Fr und Sa abends.

UNTERHALTUNG

BFI IMAX (**H** C3)
→ *1 Charlie Chaplin Walk, Tel. 033 0333 7878, www.bfi.org.uk/bfi-imax*
Die größte Leinwand des Landes!

The Cut Theatres

The Old Vic (**H** C3)
→ *The Cut, Tel. 0844 871 7628, www.oldvictheatre.com*
In einem schönen Saal im italienischen Stil ist man hier bei den klassischen Inszenierungen auf der sicheren Seite.

Young Vic (**H** D3)
→ *66 The Cut, Tel. 020 7922 2922, www.youngvic.org*
Eines der Sprungbretter für die neue Generation Londoner Dramaturgen.

EINKAUFEN

Konditor & Cook (**H** C3)
→ *22 Cornwall Rd, Tel. 020 7261 0456, Mo–Fr 7.30–19, Sa 8.30–18, So 11–17 Uhr*
Gute Konditorei, nur drei Minuten vom Bahnhof Waterloo entfernt. Es gibt eine Riesenauswahl hausgemachter Leckereien, vom *scone* über *brownies* und *magic cakes* bis zum *curly whirly cake* mit Schokolade und Vanille.

What the Butler Wore (**H** C4)
→ *108 Lower Marsh, Tel. 020 7261 1968, Mo–Sa 11–18 Uhr*
Dieser Secondhandladen kleidet jeden von Kopf bis Fuß ein, der die *sixties* oder *seventies* liebt. Die Waren sind tadellos und oft erstaunlich modern! Ein Stück weiter in der Nr. 87 hat Radio Days alles für den Look der 1920er- bis 1960er-Jahre parat.

Gramex (**H** C4)
→ *104 Lower Marsh, Tel. 020 7401 3830, Mo–Sa 11–19 Uhr*
An diesen legendären Ort kommen Liebhaber klassischer Musik, um in großen Sesseln zu sitzen und zu plaudern. Schallplatten, CDs und gute Beratung.

OXO Tower Design Shops (**H** C2)
→ *OXO Tower Wharf, Barge House St, Di–So 11–18 Uhr*
Ein Zusammenschluss von unabhängigen Designern, die in diesem Art-déco-Gebäude (1928) ihre Kreationen anbieten. Handbestickte Seidenstoffe, Bekleidung, Porzellan oder Möbel.

Gabriel's Wharf (**H** C2)
→ *56 Upper Ground*
Der erbitterte Widerstand der Anwohner konnte gerade noch verhindern, dass der Platz am Themse-Ufer einem Immobilieninvestor in die Hände fiel wie der Rest der Gegend. Nette Kunsthandwerksläden und Café-Terrasse: Sehr belebt, sobald die Sonne blinzelt.

Ganesha
→ *3–4 Gabriel's Wharf, Tel. 020 7928 3444, tägl. 11.30–18.30 Uhr (Sa/So bis 19 Uhr)*
Hier findet man indisches Kunsthandwerk: Kissen, Tuniken, Taschen und Accessoires.

▶ Plan C

SOUTHBANK CENTRE / HAYWARD GALLERY

LONDON EYE

COUNTY HALL

▼ Plan I

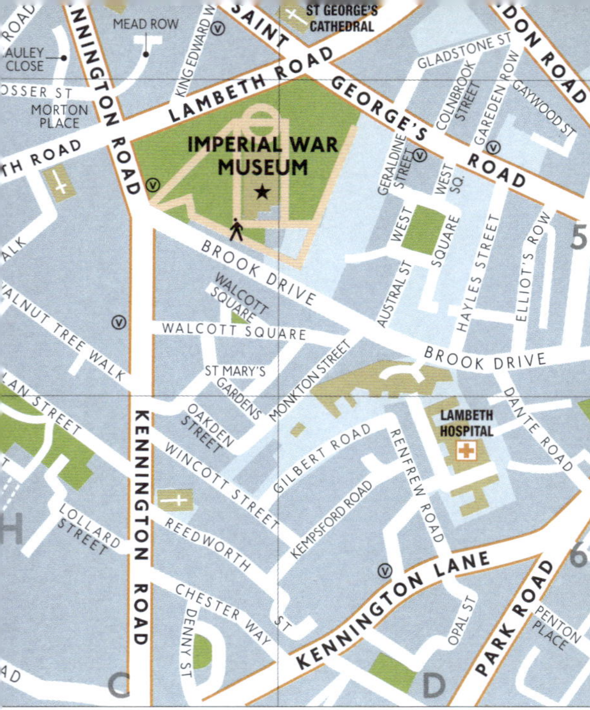

SEA LIFE LONDON AQUARIUM

IMPERIAL WAR MUSEUM

führungen gilt als ziem-
hoch. Wie zum Beweis
men die Besucher zu
er Stunde in die weiten,
terfüllten Innenräume,
Ausstellungen von
os oder zeitgenössischer
st zu sehen, Gratis-
zerten zu lauschen oder
ach etwas zu trinken.

al Festival Hall
ägl. 10–23 Uhr
zertsaal im Stil der
oer-Jahre mit sehr guter
stik. Abwechslungsrei-
s Programm (Klassik,
z, Rock, Pop).

een Elizabeth Hall
z und klassische Musik.

cell Room
l für Kammermusik.

Hayward Gallery
→ *Mo 12–18, Do–Fr 12–20, Di–Mi, Sa/So 10–18 Uhr*
Nackter Beton und Glas für eine Galerie, die große Ausstellungen der Malerei, bildenden Kunst und Fotografie beherbergt.

★ London Eye (**H** B3)
→ *The Queen's Walk, Tel. 087 781 3000 (Reservierungen), tägl. 10–21 Uhr (Betriebsende je nach Saison 20.30–21.30, Fr im Sommer 23.30 Uhr)*
Vom größten Riesenrad Europas lässt sich London aus 135 Meter Höhe betrachten. Bei klarem Wetter reicht der Blick bis zu 40 Kilometer weit. Fahrtzeit 40 Minuten; Reservierung ist ratsam.

★ County Hall (**H** B3)
→ *Riverside Building, The Queen's Walk, Tel. 020 7981 2550*
Das imposante Gebäude aus Portland-Stein, das von Ralph Knott entworfen wurde, war bis 1986 Sitz des Greater London Council (GLC). Hinter seiner eleganten Fassade im edwardianischen Barockstil birgt es ein Aquarium, Restaurants, Hotels und recht neu das London Dungeon, eine Art interaktives Museum englischer Schauergeschichten.

★ Sea Life London Aquarium (**H** B3)
→ *Tel. 0871 663 1678, Sep.–Mitte Juli: tägl. 10–19 Uhr, Mitte Juli–Aug.: tägl. 9–20 Uhr*
Hier kann man Rochen streicheln, Haien beim Fressen zusehen und Salz- und Süßwasserfische aus allen Klimazonen bewundern.

★ Imperial War Museum (**H** C5)
→ *Lambeth Rd, Tel. 020 7416 5000, tägl. 10–18 Uhr*
Wie es wohl ist, wenn Luftangriffe den Alltag bestimmen? Anhand von zahlreichen Dokumenten sowie Bild- und Tonmaterial beleuchtet das Museum eindrucksvoll das Leben der Zivilbevölkerung in Zeiten des Krieges. Besonders erschütternd sind die Zeugnisse zum Holocaust.

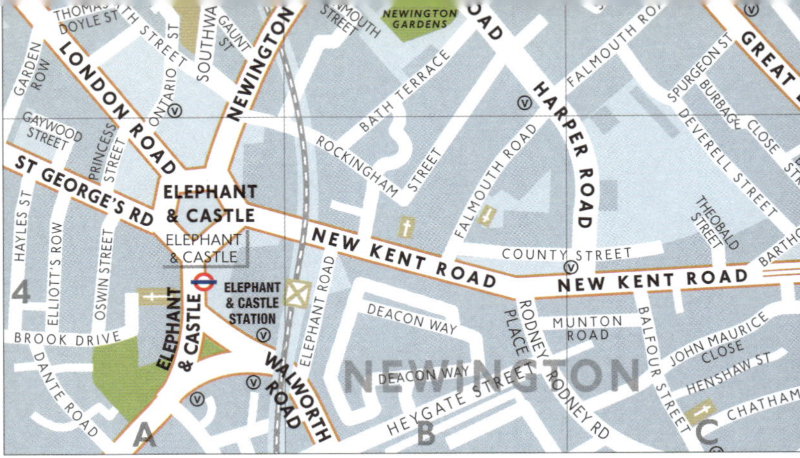

THE SHARD

SOUTHWARK CATHEDRAL

SHAKESPEARE'S GLOBE EXHIBITION

★ **Tower of London** (I E1)
→ *Tel. 0844 482 7777, März–Okt.: tägl. 9 (So/Mo ab 10)–17.30 Uhr, Nov.–Feb.: tägl. 9 (So/Mo ab 10)–16.30 Uhr*
Wilhelm der Eroberer ließ die mittelalterliche Trutzburg erbauen, um sich die Kontrolle über die Themse zu sichern. Später diente die Festung als Gefängnis für Johann den Guten, Anne Boleyn, Rudolf Hess und viele andere. Heute hat der Tower seine bedrohliche Aura verloren, wird aber immer noch von den Yeoman Warders in ihren zeremoniellen Tudor-Uniformen bewacht. Zu sehen gibt es die sagenhaften Kronjuwelen, eine große Waffensammlung und weitere Schätze.

★ **Tower Bridge** (I F1)
→ *Tel. 020 7403 3761, Apr.–Sep.: tägl. 10–18 Uhr, Okt.–März: tägl. 9.30–17.30 Uhr*
Eines der bekanntesten Wahrzeichen Londons. Der Zuckerbäckerstil der Tower Bridge erinnert an die Viktorianische Zeit, in der England die bedeutendste Seemacht war. In den Türmen verbirgt sich ein Hydrauliksystem, durch das sich die untere Brücke für Schiffe öffnen lässt. Ein Museum widmet sich der Brückengeschichte. Wunderbare Aussicht von der 42 Meter über dem Wasser angelegten Fußgängerbrücke, zum Teil mit Glasboden!

★ **Design Museum** (I F2)
→ *28 Shad Thames, Tel. 020 7403 6933, tägl. 10–17.45 Uhr*
Die Wechselausstellungen des Museums drehen sich um Alltagsgegenstände und ihre Entwicklung: Telefone, Stühle, Waschmaschinen etc. Sie dokumentieren die revolutionären Entwicklungen in der Gestaltung von Gebrauchsgegenständen.

★ **City Hall** (I E2)
→ *The Queen's Walk, Tel. 020 7983 4000, Mo–Do 8.30–18, Fr 8.30–17.30 Uhr*
Der Entwurf des modernen Rathauses stammt von Norman Foster. Der Sitz Greater London Authorit und ihrer Organe (Londc Assembly und Mayor of London) ist ein verblüffender Bau in Form eine aufgeschnittenen Zwieb (2002). Im Inneren wind sich eine spiralförmige Rampe um den Ratssaal

★ **HMS Belfast** (I D1)
→ *The Queen's Walk, Tel. 020 7940 6300, März–Okt.: tägl. 10–18 Uhr, Nov.–Feb.: tägl. 10–17 Uhr*
Die Ausstellung erlaubt einen Blick in den Alltag Bord eines Kriegsschiffs Die *HMS Belfast* war von 1938 bis zum Ende des reakriegs 1953 im Einsa

TOWER OF LONDON

TOWER BRIDGE

DESIGN MUSEUM

Southwark Borough, ein eher armes Viertel, wurde städtebaulich lange Zeit vernachlässigt. Nach Schließung der Docks, die zeitweise seinen Wohlstand sicherten, verwaiste die Gegend am Südufer der Themse zusehends. Doch inzwischen haben Neubauten und Sanierungen, vom Design Museum über die Tate Modern bis zum Shard, dem höchsten Wolkenkratzer des Landes, den Stadtteil neu belebt. Die schöne Uferpromenade The Queen's Walk führt von der Tower Bridge bis zum London Eye. Ihre Umgebung hat sich zur Wohngegend für Wohlhabende gemausert; der Bereich weiter südlich ist bodenständiger geblieben.

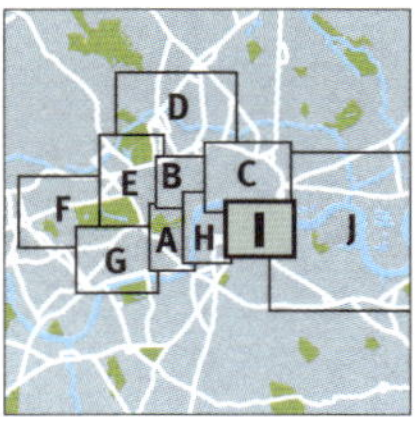

M. MANZE

EL VERGEL

RESTAURANTS

M. Manze (I D3)
→ *87 Tower Bridge Rd, Tel. 020 7407 2985, Mo 11–14, Di–Do 10.30–14, Fr 10–14.30, Sa 10–14.45 Uhr*
Pie, eels and mash (Fleischpastete, Aal und Kartoffelbrei) steht für die traditionelle Londoner Küche. Alles zum Mitnehmen oder zum Verzehr in einem kantinenähnlichen Raum. Ab 2,50–6 £.

El Vergel (I A3)
→ *132 Webber St, Tel. 020 7401 2308, Mo–Fr 8–15, Sa/So 10–16 Uhr*
Lateinamerikanischer Catering-Service mit feinen Salaten und mexikanischen Sandwiches. Spezialität: *torta mexicana sandwich* (mit Guacamole, Huhn und Bohnen). Gerichte 3,50–9,95 £.

Maltby Street Market (I E3)
→ *Maltby St, Sa 9–16, So 11–16 Uhr*
Noch ein Geheimtipp und hipper als der Borough Market (I C2). Dank der Imbiss-Stände ist es am Wochenende rappelvoll: Burger, Crêpes, Couscous, Falafel … Ab 5 £.

Mar i Terra (I A2)
→ *14 Gambia St, Tel. 020 7928 7628, Mo–Fr 12–15, 18–22.30, Sa 18–23 Uhr*
Ein Stück Spanien nahe der Tate Modern. Der Chef aus La Coruña bereitet Klassiker aus seiner Heimat zu: Fleischbällchen in Tomatensauce, gebratene Saubohnen mit Schinken, Chorizo mit Cidre. Tapas ca. 6–9 £.

Tas Pide (I B1)
→ *20–22 New Globe Walk, Tel. 020 7928 3300, tägl. 12–23.30 Uhr (So bis 22.30 Uhr)*
Aus dem traditionellen runden Backofen Anatoliens kommen Brote und *pide*, kleine Fladenbrote aus Pizzateig, großzügig belegt mit Zwiebeln, Tomaten, Eiern, Sardinen, Oliven und anderen mediterranen Köstlichkeiten. Gemütliche Atmosphäre, abends Musik. Gerichte 7,30–14 £.

Fish! (I C1)
→ *Cathedral St, Tel. 020 7407 3803, Mo–Sa 11.30 (Fr ab 11)–23, So 10–22.30 Uhr*
Die Konstruktion aus Eisen und Glas vermittelt den Eindruck eines Aquariums! Köstliche Fischgerichte je nach Angebot. Gerichte 12–30 £.

Tanner & Co (I D2)
→ *50 Bermondsey St, Tel. 020 7357 0244, Mo–Do 12–17, Fr 12–15, 19–22 Uhr*
Heller, luftiger Raum, in dem ausgewählte regio-

OSTONE ARMS

BOROUGH MARKET

BERMONDSEY SQUARE MARKET

nale Speisen und *nibbles* (Snacks) serviert werden: Geflügellebermousse mit Madeiragelee, Kaninchenragout, *black pudding*, *pies* und vieles mehr. Gerichte 12,50–15,55 £.

CAFÉ, WEINBAR

Maria's Market Café (**I** C2)
→ *Borough Market, Stoney St, Mi/Do 5–14.30, Do/Fr 5–16, Sa 5–17 Uhr*
Lust auf ein englisches Frühstück? Dann nichts wie hin zu diesem berühmten *greasy spoon breakfast*, bei dem sich die Arbeiter frühmorgens stärken.

Wine Wharf (**I** C1)
→ *Stoney St, Tel. 020 7940 8335, Mo–Sa 12–15, 18–23 Uhr*
Unter den Steinbögen einer ehemaligen Brücke liegt diese riesige Weinbar, die 300 Weine anbietet, 150 davon auch glasweise. Außerdem kleine Gerichte.

PUBS, CLUB

The Anchor (**I** B1)
→ *34 Park St, Bankside, Tel. 020 7407 1577, Mo–Sa 11–23, So 12–22.30 Uhr*
Uralter Pub (1676) mit schmucker Fassade. Im Sommer lädt die große Terrasse mit Holztischen zu einem Gläschen am Themse-Ufer ein.

George Inn (**I** C2)
→ *75–77 Borough High St, Tel. 020 7407 2056, tägl. 11–23 Uhr*
Das unter Denkmalschutz stehende Gasthaus (1677) ist heute ein Pub. Die Doppelgalerie, eine der letzten in London, geht zu einem hübschen gepflasterten Hof. Im 1. Stock ist ein Restaurant, im Erdgeschoss gibt es einzelne kleine Räume. Man muss allerdings ein wenig suchen, um jemanden zu finden, bei dem man sein Bier bestellen kann.

Gladstone Arms (**I** B2)
→ *64 Lant St, Tel. 020 7407 3962, Mo–Do 12–23, Fr/Sa 13–24, So 13–22.30 Uhr*
Originelle, zwanglose Eckneipe. Bar mit Konzerten und DJs im Erdgeschoss; gemütlicher Gastraum zum Plaudern, Kartenspielen etc. im Obergeschoss. Bier, Cider und *pies*.

Ministry of Sound (**I** A3)
→ *103 Gaunt St, Tel. 020 7740 8600, Fr 22.30–6, Sa 23–7 Uhr www.ministryofsound.com*
Mehr als nur ein Club: ein Klang, ein Markenzeichen, gar eine Legende. Ob mit Garage, House oder R'n'B, die DJs von MoS ziehen zahlreiche Fans aus aller Welt an, die auf einem der drei Dancefloors tanzen.

KUNSTGALERIE

WhiteCube (**I** D3)
→ *144–152 Bermondsey St, Tel. 020 7930 53 73, Di–So 10 (So ab 12)–18 Uhr*
In einer alten Lagerhalle aus den 1970er-Jahren ist diese puristische Ausstellungsfläche von 5440 m² untergebracht, die dritte Galerie von Jay Jopling. Sie versteht sich als Begegnungsort der künstlerischen Avantgarde Großbritanniens (u. a. Damien Hirst, Tracey Emin) und der übrigen Welt (u. a. Liza Lou, Zhang Huan).

EINKAUFEN

Borough Market (**I** C2)
→ *8 Southwark St, Tel. 020 7407 1002, Mo/Di 10–17 (nur die Restaurants), Mi/Do 10–17, Fr 10–18, Sa 8–17 Uhr*
Der älteste Lebensmittelmarkt Londons (1756) liegt an den Bahngleisen hinter der Southwark Cathedral und wird seit Kurzem von Fernsehköchen besucht. Bei den Ständen mit Gewürzen und frischen Produkten kann man ins Schwärmen kommen.

Neal's Yard Dairy (**I** B1)
→ *6 Park St, Tel. 020 7367 0799, Mo–Sa 9–18 Uhr*
Farmhouse cheese ist hier die Spezialität – und die Käselaibe stapeln sich bis unter die Decke.

Hay's Galleria (**I** D1)
→ *Hay's Wharf Counter St*
Zwischen liebevoll renovierten Lagerhäusern (19. Jh.) aus roten Ziegeln und hellem Stein überdacht ein 30 Meter hohes Glasgewölbe mit filigranem Stahlskelett eine Galerie voller Cafés, Restaurants und Geschäfte.

Le Pont de la Tour Foodstore (**I** F2)
→ *36D Shad Thames, Butlers Wharf, Tel. 020 7940 1830, Mo–Fr 7.30–20, Sa/So 9–18 Uhr*
Die Feinkosthandlung, die zum Conran-Imperium gehört, bietet eine große Auswahl britischer und mediterraner Delikatessen und leckere Sandwiches.

Bermondsey Square Market (**I** E3)
→ *Bermondsey Square, Fr 4–13, Sa 10–14 Uhr*
Jeden Freitag erobern Antiquitätenstände den kleinen Platz. Samstags gibt es frische Farmprodukte aus der Umgebung.

CITY HALL

HMS BELFAST

MODERN

MILLENNIUM BRIDGE

he Shard (**I** D2)
2 London Bridge St, Tel.
4 499 7111, Apr.–Okt.: tägl.
22 Uhr, Nov.–März: tägl.
9 Uhr (Do–Sa bis 22 Uhr)
faszinierende »Scherbe«
310 Metern Höhe ist das
gste Werk von Renzo
o in London (2012). Im
Stockwerk bietet sich auf
Aussichtsterrasse ein
licher Panoramablick.
outhwark Cathedral
)
ndon Bridge,
020 7367 6700,
Fr 8–18, Sa/So 8.30–18 Uhr
ische Mosaiken, nor-
nischer Portikus, goti-
er Chor ... Die immer
der umgebaute Kathedrale erzählt von 2000 Jahren Geschichte, bis hin zur Renovierung am Beginn des 3. Jahrtausends. Auf ihren Türmen malte Hollar 1647 seinen berühmten *Blick auf London*.

★ **Shakespeare's Globe Exhibition** (**I** B1)
→ *21 New Globe Walk, Tel. 020 7902 1400,* ***Ausstellung und Führungen*** *Nov.–Jan.: tägl. 10–17 Uhr, Feb.–März, Okt.: tägl. 9–15 Uhr, Apr.–Sep.: tägl. 9–12 Uhr (Mo bis 15 Uhr), www.shakespearesglobe.com*
Besuch des sagenhaften Theaters von Shakespeare, dem Globe (1599) und des Museums, das über seine Neuentstehung erzählt, den der Schauspieler und Regisseur Sam Wanamaker (1919–1993) finanzierte: zehn Jahre Arbeit mit Materialien und Arbeitsmethoden wie im 17. Jh.

★ **Tate Modern** (**I** A1)
→ *Bankside, Tel. 020 7887 8888, tägl. 10–18 Uhr (Fr/Sa bis 22 Uhr)*
Unter den bekannten Schweizer Architekten Herzog und de Meuron ist mit dieser Niederlassung der Tate Gallery in London ein internationales Museum für moderne Kunst entstanden. Im einstigen Kraftwerk an der Bankside werden thematisch konzipierte Ausstellungen gezeigt. Die Auswahl vermittelt einen eindrucksvollen Blick auf Werke von den *Seerosen* von Monet bis zu Bacons Triptychon. Im Zentrum, in der 35 Meter hohen Turbinenhalle, empfängt den Besucher zeitgenössische Kunst. Im 6. Stockwerk Restaurant mit Panorama.

★ **Millennium Bridge** (**I** A1)
→ *Gegenüber der Tate Modern*
Die Fußgängerbrücke (2000) von Norman Foster spannt sich als 325 Meter langes Stahlband über die Themse. Sie verbindet die Tate Modern mit der City und bietet einen umwerfenden Blick auf St. Paul's und das Themse-Ufer.

OLD ROYAL NAVAL COLLEGE

THE QUEEN'S HOUSE

NATIONAL MARITIME MUSEU

★ **Whitechapel Art Gallery** (J A2)
→ *77–82 Whitechapel High St, Tel. 020 7522 7888, Di–So 11–18 Uhr (Do bis 21 Uhr)*
Die Galerie, die 1901 gegründet wurde, hat sich als Sprungbrett für moderne Londoner Künstler etabliert. Ihre Ausstellungen und Retrospektiven bringen Künstler wie Picasso, Pollock, Rothko, Kahlo oder Penone ins East End.

★ **V&A Museum of Childhood** (J B1)
→ *Cambridge Heath Rd, Tel. 020 8983 5200, tägl. 10–17.45 Uhr*
Alles zum Thema Kindheit: Schaukelpferde, Kasperletheater, Propellerflugzeuge und historische Puppenhäuser (17.–21. Jh.).

★ **Museum of London Docklands** (J D2)
→ *Nº1 Warehouse, West India Quay, Tel. 020 7001 9844, tägl. 10–18 Uhr*
In einem früheren Lagerhaus aus dem 18. Jh. kann man die ganze Geschichte des Londoner Hafens erleben. Zu sehen sind Funde aus der Römer- und Wikingerzeit, Modelle von Karavellen, die Rekonstruktion von viktorianischen Sträßchen samt der damals typischen Geräuschkulisse, Präsentationen zu den Olympischen Spielen 2012.

★ **Canary Wharf** (J D2)
Als in den 1980er-Jahren der Hafenbetrieb zurückging, bemächtigten sich die Banken des Geländes. Seit 1993 die Jubilee Line der Londoner U-Bahn verlängert wurde, macht Canary Wharf dem Finanzviertel in der City Konkurrenz. Am Ausgang der von Norman Foster (1999) gestalteten U-Bahn-Station erhebt sich der 235 Meter hohe One Canada Square (1991) von César Pelli, eines der höchsten Gebäude in Großbritannien.

★ **Cutty Sark** (J D4)
→ *King William Walk, Tel. 020 8858 4422, tägl. 10–17 Uhr*
Auf einem der letzten Kl
per (1869), die für den H
del auf der Teeroute geb
wurden, kann man über
Brücke und durch die La
räume flanieren und de
restaurierten Schiffskör
bewundern.

★ **Old Royal Naval College** (J E4)
→ *2 Cutty Sark Gardens, Tel. 020 8269 4747, tägl. 10–17 Uhr*
Die ehemalige Marineh
schule besteht aus vier
bäudeteilen. Sie wurde
1703 von Christopher W
fertiggestellt. Der Westfl
birgt die Painted Hall mi
barocken Trompe-l'œil-
lereien von James Thorn

WHITECHAPEL ART GALLERY

V&A MUSEUM OF CHILDHOOD

MUSEUM OF LONDON DOCKLANDS

Links und rechts der Themse erwacht zusehends das östliche London mit einer vielversprechenden Zukunft. Im Süden, getragen vom Erfolg des Canary Wharf mit seinen Hochhäusern, erstrecken sich die ehemaligen Docks – eine Reihe vollständig erhaltener Speicherhäuser. Bei der Isle of Dogs, wo die Hundezwinger Heinrichs VIII. standen, kann man die Themse überqueren und gelangt nach Greenwich; hier verläuft der Nullmeridian. Im Norden liegt das beliebte, kosmopolitische Viertel Spitalfields: Coole Läden, Bars und indische Restaurants bestimmen dort das Bild der Brick Lane.

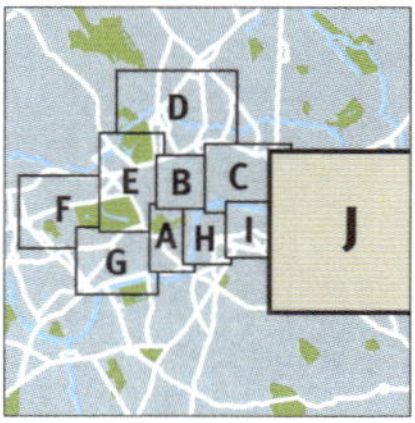

RIVINGTON GRILL GREENWICH

BRAWN

RESTAURANTS

Tayyabs (J B1)
→ *83–89 Fieldgate St, Tel. 020 7247 9543, tägl. 12–23.30 Uhr*
Eines der besten und ältesten *curry houses* von London (seit 1972). Unter der Woche füllen sich die zwei Stockwerke schnell, man sollte reservieren. Spezialität des Hauses: Lammkoteletts vom Grill. Gerichte 6–13 £.

E. Pellicci (J B1)
→ *332 Bethnal Green Rd, Tel. 020 7739 4873, Mo–Sa 7–16 Uhr*
Ein Muss in diesem Arbeiterviertel! Das Restaurant ist seit drei Generationen in den Händen einer italienischen Familie. Gepflegte Hausmannskost im winzigen Raum, in dem man den Tisch mit anderen teilt. *English breakfast*, Pasta, Schnitzel mit Pommes. Gerichte 7–8,50 £.

Rivington Grill Greenwich (J D4)
→ *178 Greenwich High Rd, Tel. 020 8293 9270, tägl. 12–22 Uhr (Fr/Sa bis 23 Uhr)*
Topinambur-Cremesuppe, Shepherd's Pie, Burger, aber vor allem … eine unglaubliche Gin-Auswahl! Gerichte 10–16 £.

Brawn (J A1)
→ *49 Columbia Rd, Tel. 020 7729 5692, Mo 18–23, Di–Sa 12–15, 18–23, So 12–16 Uhr*
Ein charmantes Dorfbistro in der Großstadt: gekalkte Wände, abgewetztes Mobiliar, große Fenster und Saisonküche aus Zutaten der Region. Ein einziges Menü am So 28 £, Gerichte 10–19 £.

The Gun (J E2)
→ *27 Coldharbour, Tel. 020 7515 5222, Mo–Sa 12–15 (Sa bis 16), 18–22.30, So 12–16, 18.30–21.30 Uhr*
Ein alter Pub, der in einem Sträßchen zwischen Isle of Dogs und Themse versteckt liegt. Der Blick auf die Docks wirkt fast surreal. Traditionelle Küche und Terrasse. Gerichte 14,50–32 £.

Café Spice Namasté (J A2)
→ *16 Prescot St, Tel. 020 7488 9242, Mo–Fr 12–15, 18.15–22.30, Sa 18.30–22.30 Uhr*
Ein neoromanisches Gebäude aus dem 19. Jh., dekoriert im Bollywood-Stil. Die Speisekarte ist indisch: Tandoori und Spezialitäten aus Goa, wie *dhaansaak* (Lammcurry mit Linsen) und Garnelencurry mit Kokos. Gerichte 15–20 £.

EET EAST

COLUMBIA FLOWER MARKET

MUDCHUTE CITY FARM

CAFÉS, PUBS

Pavilion Tea House (J E4)
→ *Greenwich Park, Blackheath Ave, Tel. 020 8858 9695, tägl. 9–16 Uhr (im Sommer bis 18 Uhr)*
Nach dem Anstieg zum Observatorium lädt dieser achteckige Pavillon zur Pause ein – am besten auf der Terrasse.

The Mayflower (J B2)
→ *117 Rotherhithe St, Tel. 020 7237 4088, tägl. 11–23 Uhr (So bis 22.30 Uhr)*
In dem einstigen Dorf Rotherhithe steht der älteste Pub an den Ufern der Themse (1621). Mit hübscher Patina und einer Terrasse zum Fluss.

Dickens Inn (J A2)
→ *St Katharines Way, Tel. 020 7488 2208, Mo–Sa 11–23, So 12–22.30 Uhr*
Eine überfüllte Taverne, jedoch mit fantastischer Aussicht auf die Docks und Tower Bridge.

Greenwich Union (J D4)
→ *56 Royal Hill, Tel. 020 8692 6258, Mo–Fr 12–23, Sa 11–23, So 11.30–22.30 Uhr*
Ein völlig überwachsenes Häuschen mit einer Bar-Veranda, erweitert um einen kleinen begrünten Hof. Aktuelle Musik, leckere Snacks und Spezialbiere aus aller Welt.

BARS, CLUBS, KONZERTE

93 Feet East (J A1)
→ *150 Brick Lane, Tel. 020 7770 6006, Mo–Do 17–23, Fr/Sa 17–1, So 15–22.30 Uhr*
Das ehemalige Brauereigebäude eignet sich gut für einen musikalischen Abend: In der graffitigeschmückten Bar im Erdgeschoss legt ein DJ Elektro auf; ausgezeichnete Rockkonzerte.

Rhythm Factory (J B1)
→ *16–18 Whitechapel Rd, Tel. 020 7375 3774, Di–Do 20–3, Fr/Sa 22–6 Uhr, www.rhythmfactory.co.uk*
Ein schummriger Club ohne Dresscode: Alternativrock, Drum 'n' Bass, Jungle, Dub, Punk, Ska, Hip-Hop oder Weltmusik.

Bethnal Green Working Men's Club (J B1)
→ *42–46 Pollard Row, Tel. 020 7739 7170, www.workersplaytime.net*
1953 gegründet, um nach der Arbeit Entspannung zu bieten, hat sich dieser Club seit 1971 nicht verändert. Kellnerinnen mit Perücken und Wasserpistolen, Shows und Varieté in einem absichtlich drittklassigen Ambiente.

EINKAUFEN

Billingsgate Market (J D2)
→ *Trafalgar Way, Tel. 020 7987 1118, Di–Sa 4–9.30 Uhr (am besten vor 8 Uhr da sein)*
Wenige Schritte vom *business district* liegt der große Fischmarkt. Am besten im Morgengrauen besuchen

Cheshire Street (J A1)
Shoppingmeile mit Secondhandshops und flippigen Boutiquen.

The Shop
→ *3 Cheshire St, Tel. 020 7739 5631, Mo–Sa 11–18, So 9.30–17 Uhr*
Vintage-Stoffe, Hüte, Tücher, Tischdecken, etc.

Cock & Bull & Co.
→ *30 Cheshire St, Tel. 020 7729 5068, Mi–Sa 11–18, So 11–17 Uhr*
Fair-Trade-Kleidung für Herren, in Großbritannien hergestellt. Unwiderstehliche Baskenmützen, Westen oder Shirts aus schottischer Wolle, Hanf und Bio-Baumwolle.

Labour and Wait (J A1)
→ *85 Redchurch St, Tel. 020 7729 6253, Di–So 11–18 Uhr*
Zeitlose Alltagsgegenstände für Haus und Garten aus England und dem Ausland. Hier macht der Kauf von Schaufel und Besen richtig Spaß!

The Laden Showroom (J A1)
→ *103 Brick Lane, Tel. 020 7247 2431, Mo–Fr 11–18.30, Sa 11–19, So 10.30–18 Uhr*
Designerladen mit Damenmode und -accessoires zu moderaten Preisen.

Son of a Stag (J A1)
→ *Old Truman Brewery, 91 Brick Lane, 9 Dray Walk, Tel. 020 7247 3333, Mo/Di 10.30–19, Mi, Fr 10.30–19.30, Do 10.30–20, So 11.15–18 Uhr*
Seltene Jeansmarken (darunter japanische) und einige Herrenschuhraritäten.

Columbia Road Flower Market (J A1)
→ *So 8–15 Uhr*
Farbenfroher Blumenmarkt, gesäumt von hübschen Cafés und unwiderstehlichen Boutiquen.

ÖKOTOURISMUS

Mudchute City Farm (J E3)
→ *Pier St Isle of Dogs, Tel. 020 7515 5901, tägl. 9–17 Uhr, **Park** tägl. 24 Std.*
Zu dem Park in einem ehemaligen Sumpfgebiet gehört eine Farm mit Hühnern, Schafen, Kühen und Ziegen – ein verblüffender Anblick vor der Hochhauskulisse der Stadt.

ARY WHARF

CUTTY SARK

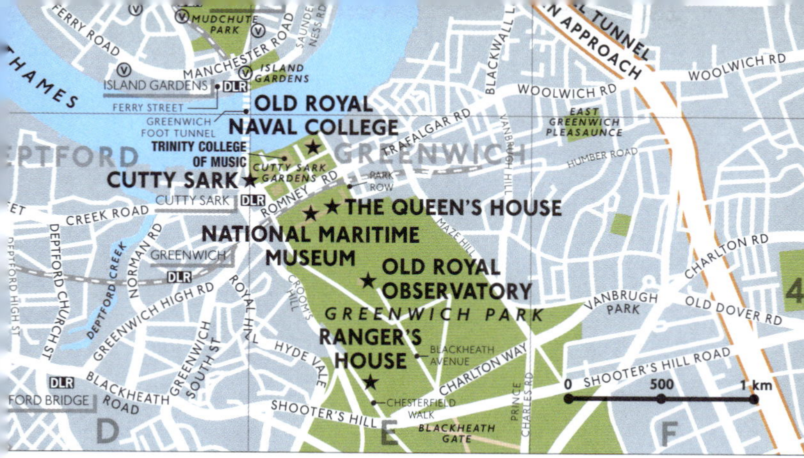

OLD ROYAL OBSERVATORY

RANGER'S HOUSE

:genüber liegt die Chapel t. Peter and St. Paul 31) mit ihrem Rokoko-In- eur von James Stuart. Im cover Greenwich Visitor tre gibt es Ausstellun- und Exponate zur Ge- ichte von Greenwich.

he Queen's House 4)

omney Rd, Tel. 020 8858 2, tägl. 10–17 Uhr

erstes klassizistisches werk Englands (Inigo s, 1616) brach diese mit der Überfülle des abethanischen Stils: Sie teht aus zwei Quadern, unden im 1. Stock. Im eren Porträts der Königs- ilie, eine Ansicht von Greenwich von Canaletto (1752) und die schwarz-weiß geflieste Great Hall.

★ **National Maritime Museum** (J E4)

→ Park Row, Tel. 020 8858 4422, tägl. 10–17 Uhr

Ein Marinemuseum rund um einen verglasten Innenhof. Man erlebt die Eroberung des Empire, die erste Expedition zum Nordpol, das Leben auf einem Ozeandampfer und mehr. Glanzstück ist die Kleidung, die Nelson trug, als er bei Trafalgar fiel.

★ **Old Royal Observatory** (J E4)

→ Greenwich Park, Blackheath Ave, Tel. 020 8858 4422, tägl. 10–17 Uhr, ***Planetarium*** *Tel. 020 8312 6608, Mo–Fr 10–16 Uhr*

Auf Anweisung Charles' II. erbaute Christopher Wren 1675 ein Observatorium im Park von Greenwich. Ziel war, die Längengradbestimmung auf See zu verbessern. Zunächst bestand das Observatorium nur aus einem Gebäude, doch bald kamen weitere hinzu. Im Flamsteed House, dem ältesten Teil, gibt es ein achteckiges Zimmer von Wren. Im Meridian Building befinden sich Astronomie- und Navigationsgeräte. Im Planetarium erläutern Lasershows die Entstehung der Sterne. Eine Schiene im nördlichen Hof markiert den Verlauf des berühmten Meridians von Greenwich.

★ **Ranger's House** (J E4)

→ Chesterfield Walk, Tel. 020 8853 0035, ***Führungen*** *mit Res. Apr.–Okt.: So–Mi 11, 14 Uhr (Uhrzeiten können je nach Saison variieren, Informationen im Internet oder bei der Touristeninformation)*

In diesem Gebäude im georgianischen Stil (1723), sind die Sammlungen von Julius Wernher (1850–1912) untergebracht: Elfenbeinschnitzereien, Schmuck, Porzellan, Gemälde von Filippino Lippi, Memling und De Hooch (15.–17. Jh.).

ANBINDUNG DER FLUGHÄFEN

Heathrow
Piccadilly Line (U-Bahn)
→ *5,80 £, 35 Min.*
Heathrow Express
→ *20 £, 15 Min. bis Paddington* (**F** F1)
Gatwick
Gatwick Express
→ *19,90 £, 30 Min. bis Victoria Station* (**A** A4)
EasyBus
→ *1,95–9,95 £, 1 Std. bis Waterloo* (**H** B3)
Stansted
Stansted Express
→ *23,40 £, 45 Min. bis Liverpool St* (**C** E3)
EasyBus
→ *3,99–9,99 £, 1 Std. 25 Min. bis Baker St* (**E** B3)

DOPPELDECKERBUS

UNDERGROUND

SANTANDER CYCLES

Marble Arch Inn (**E** B4)
→ *49–50 Upper Berkeley St, Tel. 020 7723 7888, www.marblearch-inn.co.uk*
Eines der günstigsten Hotels der Stadt, nur wenige Schritte vom Hyde Park entfernt. Einfache, ausreichend komfortable Zimmer. 50 (ohne Bad)–80 £ ohne Frühstück. Reservierung über das Internet.
Lancaster Hall Hotel (**F** E2)
→ *35 Craven Terrace, Tel. 020 7723 9276, www.lancaster-hall-hotel.co.uk*
Im Youth Wing werden 22 preiswerte Zimmer, schlicht möbliert, mit Gemeinschaftsbad angeboten. 57 £.
Oakley Hotel (**G** C4)
→ *73 Oakley St, Tel. 020 7352 5599, www.oakleyhotel.com*
In dem traditionellen B&B mit 13 Zimmern ganz in der Nähe der King's Road kann man im Himmelbett nächtigen. 65 (ohne Bad)–95 £.

70–100 £

Cherry Court Hotel (**A** A5)
→ *23 Hugh St, Tel. 020 7828 2840, www.cherrycourthotel.co.uk*
Ein familiäres B&B mit zwölf winzigen, geschmackvoll eingerichteten Zimmern. Alle verfügen über Bad/Dusche. Knappes Frühstück auf dem Zimmer (Gebäck, Obst und Getränke). 70 £.
Jesmond Dene Hotel (**D** D3)
→ *27 Argyle St, Tel. 020 7837 4654, www.jesmonddenehotel.co.uk*
Kleines B&B mit 20 Zimmern, die von den Besitzern regelmäßig neu dekoriert werden, gegenüber dem Bahnhof St Pancras. Freundlicher Empfang. 70–130 £. Ideal für Familien: Apartments (bis 6 Pers.) ab 160 £.
The Hoxton Hotel (**C** E1)
→ *81 Great Eastern St, Tel. 020 7550 1000, thehoxton.com*
Nur ein paar Schritte von der Liverpool Street entfernt liegt dieses trendige Hotel mit 208 hellen, funktionellen und betont modernen Zimmern. Aufmerksames Personal, nette Extras wie Frühstück aufs Zimmer und 1 Std. Gratis-Telefonieren. Wer frühzeitig reserviert, kann – nach dem Vorbild der Billigflieger – Zimmer zu echten Schnäppchenpreisen ergattern. 70 (bei Buchung einige Monate im Voraus)–300 £.
Merlyn Court (**G** A2)
→ *2 Barkston Gardens, Tel. 020 7370 1640, www.merlyncourthotel.com*
B&B an einem hübschen kleinen Platz mit echt britisch gehaltenen Zimmern, mit altem Mobiliar

ÜBER DEN KANAL

Eurostar
Reservierungen
→ *Tel. 034 3218 6186, www.eurostar.com*
Nach London durch den Kanaltunnel mit Eurostar-Zügen von Paris, Lille und Calais. Ankunft: St Pancras International (**D** D3).
Eurotunnel Shuttle
Calais–Folkestone
→ *Abfahrt bis zu 4-mal pro Stunde, rund um die Uhr (Verladen 25 Min., Fahrtzeit 35 Min.)*
Der Autoreisezug transportiert Passagiere durch den Tunnel nach Folkestone (120 km von London), ohne dass man das Auto verlassen muss.
Verladeterminal
→ *Von französischer Seite: Autobahn A16, Ausfahrt 42 »Tunnel sous la Manche«*
Reservierung
→ *www.eurotunnel.com*
Mit dem Schiff
Fähren befördern Personen und Autos. Fahrpreise je nach Aufenthaltsdauer.
Norfolkline
→ *www.norfolkline.de*
Von Dünkirchen oder Calais nach Dover.

FAHRRÄDER

Santander Cycles
→ *Tel. 0343 222 6666, www.tfl.gov.uk*
Zahlreiche Leihfahrrad-Stationen zur Selbstbedienung. Auf den Karten in diesem Reiseführer sind sie mit »v« gekennzeichnet.
Preise
→ *Zugang: 2 £/24 Std., Nutzung: 30 Min. gratis, die folgenden 30 Min. 2 £. Zahlung per Kreditkarte möglich.*

FLUGHÄFEN

Information
London verfügt über fünf internationale Flughäfen; die wichtigsten sind Heathrow und Gatwick.

Heathrow
→ *Tel. 0844 335 1801*
www.heathrowairport.com

Gatwick
→ *Tel. 0844 892 0322*
www.gatwickairport.com

City Airport
→ *Tel. 020 7646 0088*
www.londoncityairport.com

Stansted
→ *Tel. 0844 335 1803*
www.stanstedairport.com

Luton
→ *Tel. 0158 240 5100*
www.london-luton.co.uk

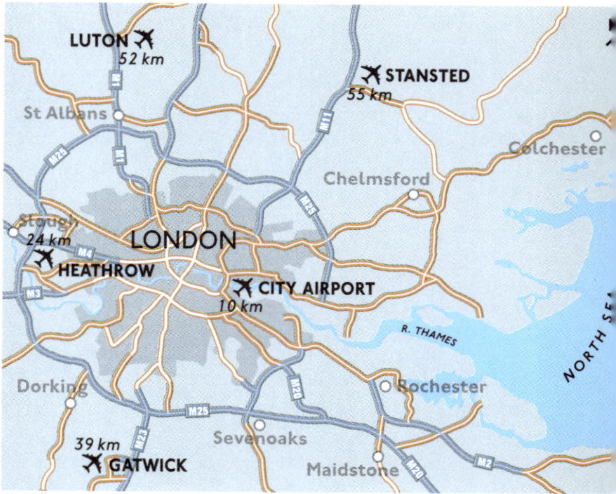

FLUGHÄFEN

Achtung: Trotz der hohen Preise sind die Hotels in London oft weniger komfortabel als in vergleichbaren europäischen Hauptstädten. Allerdings ist das Hotelangebot riesig und vielfältig. Wenn nicht anders angegeben, entsprechen die genannten Preise einem Doppelzimmer (DZ) mit Bad (Mehrwertsteuer und Frühstück inbegriffen). Bei Reservierung übers Internet gibt es oft Rabatte oder Sonderangebote. Die meisten Hotels haben WLAN-Anschluss.

APARTMENTS

One Fine Stay
→ *Tel. 020 3588 0600,*
www.onefinestay.com
Eine große Auswahl hervorragender Apartments in guter Lage mit geschmackvoller Einrichtung und topmoderner Ausstattung. Ab 160 £.

BED & BREAKFAST

The Bed & Breakfast Club
→ *www.thebedandbreakfastclub.co.uk*
Etwa 30 komfortable, gepflegte B&Bs; entweder zentral gelegen oder in hübschen Wohnvierteln. DZ mit Bad und inkl. Frühstück um 100 £.

JUGENDHERBERGEN

London YHA
→ *www.yha.org.uk*
Für die Jugendherbergen des YHA benötigt man einen internationalen Jugendherbergsausweis (20 £, unter 26 Jahre 10 £), den man direkt vor Ort oder vor der Abreise online erwerben kann. Schlafsaalbetten ab 15–19 £; Preise variieren nach Saison.

London St Pauls (**C** B3)
→ *36 Carter Lane,*
Tel. 0845 371 9012

London St Pancras (**D** D3)
→ *79–81 Euston Rd,*
Tel. 0845 371 9344

London Thameside (**J** C2)
→ *20 Salter Rd,*
Tel. 0845 371 9756

London Oxford Street (**B** B3)
→ *14 Noel St,*
Tel. 0845 371 9133

London Earl's Court (**G** A3)
→ *38 Bolton Gardens,*
Tel. 0845 371 9114

London Central (**E** D3)
→ *104 Bolsover St,*
Tel. 0845 371 9154

BIS 70 £

Smart Camden Inn (**D** C3)
→ *55–57 Bayham St,*
Tel. 020 7388 8900,
www.smartcamdeninn-london.com
Ideal für Nachtschwärmer und Trödelmarktfans ist diese einladende und sehr gut ausgestattete Backpacker-Herberge mit 106 Betten in 4- bis 14-Bet Zimmern. 12–21 £/Pers.

Generator (**D** D4)
→ *37 Tavistock Place,*
Tel. 020 7388 7666,
www.generatorhostels.com
Große private Jugendherberge; sehr moderne Einrichtung. Abends Bar mit D Einzelzimmer (mit Gemein schaftsbad) ab 24,50 £; Mehrbettzimmer mit 6–12 Betten ab 12 £/Pers.

Clink78 (**D** E4)
→ *78 King's Cross Rd,*
Tel. 020 7183 9400,
www.clinkhostels.com
Zentrales Hostel in einem viktorianischen Gerichtsgebäude: 4- bis 16-Bett-Zimmer (ab 13 £/Pers.), sieben ehemalige Gefängniszellen für 1–2 Pers. (ab 50 £), Doppel- und 3-Bett-Zimmer mit oder ohne Bad (ab 40 £), Gemeinschaftsküche. Einige Schritte weiter gibt es ein zweites Haus (Clink261).

Typisch London!

Zehn Vorschläge, um das echte London zu erleben

Sich mit Secondhand-Kleidung eindecken
Was die Mode angeht, so trägt der Londoner gern große Marken aus zweiter Hand. Es gibt jede Menge Floh- und Trödelmärkte sowie Secondhandläden, doch am besten und preiswertesten sind die *charity shops*: Dort werden praktisch neue Artikel spottbillig verkauft. Allein für manche dieser Läden würde sich eine Reise nach London lohnen.
→ *Red Cross Vintage and Designer Charity Shop* (**G** C3)

Indisch essen
Der indische Subkontinent ist unter den Bewohnern Londons gut vertreten. Im Herzen von Banglatown reiht sich in der Brick Lane (**J** A1) ein preiswertes *curry house* an das andere. Doch es gibt überall gute Restaurants, die ebenso vielfältige und innovative Gerichte anbieten.
→ *Masala Zone* (**B** A3): *eine ausgezeichnete Kette*

Im Park relaxen
Um ins Grüne zu gelangen, muss man nicht weit gehen: Die städtischen Parks sind sehr ländlich. Rasen, so weit das Auge reicht, Ecken mit Bäumen, viele Seen, Ruhemöglichkeiten in Liegestühlen und Sportangebote: Spaziergänge, Radtouren, Tretboot- und Kanufahren, Tennis- oder Golfspielen.
→ *Aktivitäten: Jogging im Hyde Park* (**E** B6); *von Mai bis Sep. Aufführungen im Open Air Theatre im Regent's Park* (**E** C1)

Mit einem *black cab* und einem Doppeldeckerbus fahren
Was wäre London ohne seine Taxis und seine roten Busse? Die berühmten *cabs* sind geräumig und altmodisch, sie stellen sich gelassen dem Verkehr und bieten Fahrgästen die Bequemlichkeit einer Staatskarosse. Die Doppeldeckerbusse sind ideal, um sich einen Überblick über die Stadt zu verschaffen!
→ *Sich im Taxi über The Mall chauffieren lassen* (**A** *B2*–C1) *und mit der Linie 15 fahren, auf der Busse aus den 1940er- bis 1950er-Jahren verkehren.*

Einen *afternoon tea* einnehmen
Der *tea* am Nachmittag, ein viktorianisches Ritual, kann sehr elegant sein. Einige Luxushotels und Teesalons servieren ihn nach allen Regeln der Kunst: edles Porzellan, Tee von bester Qualität, *scones* mit Sahne und Gurkensandwiches. In den vornehmen Lokalen gilt ein Dresscode.
→ *The Ritz* (**A** A1), *The Orangery* (**F** D3)

Zum Büroschluss in ein Pub gehen
Dunkle Taverne oder blumengeschmücktes Häuschen, die stets geselligen

HYDE PARK

INDISCH ESSEN

DOPPELDECKERBUS/LINIE 15

IN EINEM PUB

Verkehrsmittel und Hotels in London

Pubs haben den größten Zulauf gegen 18 Uhr, wenn die Angestellten auf ein Bier kommen. Die Geselligkeit setzt sich bis auf die Straße und in die Parks fort, wohin jeder sein Glas mitnimmt.

→ *The Blackfriar* (**C** *B4*), *wegen seines Flairs und seiner Ales!*

Einkaufen am Borough Market (**I** C2)
Seit mehr als 200 Jahren ist der Markt eine Institution. Hier kaufen auch die vornehmsten Londoner ein. Unter den Markisen füllen Kunden ihre Körbe mit Obst und Gemüse, tauschen Rezepte aus und kosten vor Ort Köstliches wie die *Cumberland sausage*, eine Art Bratwurst, auf Holzkohle gebraten.

→ *Früh kommen, um den Ansturm am späten Vormittag zu umgehen.*

Ins Theater gehen
Das Theater besitzt eine Tradition, die auf die Zeit Heinrichs VIII. zurückreicht. Davon zeugt das Globe (**I** B1) am New Globe Walk, eine authentische Rekonstruktion von Shakespeares hölzernem Theaterbau. Im West End (**B**), der Konkurrenz zum Broadway, regieren Komödie und Musical. Die Theaterstraße Strand, Picadilly Circus, Leicester Square und Soho bilden zusammen das berühmte »Theatreland«. In jedem Sommer lädt die Royal Albert Hall (**G** B1) zu den BBC Proms, einem herrlichen Konzertzyklus zu günstigen Preisen, bei dem vor allem der letzte Abend, *The Last Night*, zum Spektakel gerät.

→ *Karten zum halben Preis bei TKTS* (**B** *C4*), *Leicester Square, Mo–Sa 10–19, So 11–16 Uhr*

Über The Queen's Walk bummeln
Eine der schönsten Möglichkeiten, die Themse zu Fuß zu erkunden, ist ein Spaziergang auf dieser Uferpromenade zwischen South Bank (**H**) und Southwark (**I**). Am einst sträflich vernachlässigten rechten Ufer der Themse befinden sich heute angesehene Kulturinstitutionen. Vor der grandiosen Kulisse der Uferbebauung passiert man auch das romantische London Eye (**H** B3). Wer lieber auf dem Wasser unterwegs ist, kann mit einem Ausflugsschiff von Westminster (**A**) nach Greenwich (**J**) fahren.

Bis zum Morgengrauen durch die Clubs ziehen
Riesiger Club oder Tanzbar, Design oder Trash, wilder Rock oder Jazz – London ist eine Hauptstadt des Nachtlebens. Soho (**B**) bleibt zwar das Herz des Nachtlebens, doch das East End gewinnt an Bedeutung: Islington (**D**), Hoxton, Shoreditch (genannt »Sosho« (**C**). Jeden Abend bietet sich die Gelegenheit, eine außergewöhnliche Musikszene kennenzulernen.

→ *Ein Besuch von Fabric* (**C** B3), *einer Clublegende*

SECONDHAND-KLEIDUNG

NACHMITTAGSTEE

BOROUGH MARKET

93 FEET EAST

Verkehrsmittel und Hotels in London

AHNHÖFE IN LONDON

ıll English breakfast.
ɔ5–160 £.
icarage Hotel (**F** D3)
› 10 Vicarage Gate,
ɛl. 020 7229 4030,
ww.londonvicaragehotel.com
n Herzen von Kensington efindet sich dieses B&B einem schönen viktoria-ischen Haus. Große Spie-el und Edelholz-Mobiliar. 5–140 £.
arlingford (**D** D4)
› 61–63 Cartwright Gardens,
l. 020 7387 1551,
ww.harlingfordhotel.com
3 moderne, in hellem olz eingerichtete Zimmer ı vernünftigen Preisen einem georgianischen aus. Heller Frühstücks-aal. 120–130 £.
he Mad Hatter (**H** D2)
3–7 Stamford St,
l. 020 7401 9222,
ww.madhatterhotel.com
tiche mit ländlichen Sze-en schmücken die 30 net-n Zimmer über einem ub. Allerdings sind die Räume zur Straße hin recht laut. Aufzug. 150–230 £.

Boundary (**C** E1)
→ 2–4 Boundary St,
Tel. 020 7729 1051,
www.theboundary.co.uk
Die Zimmer des hellen Boutiquehotels wurden nach den Prinzipien von Le Corbusier und Mies van der Rohe gestaltet. Herrlicher Blick von der Dachterrasse. Sogar die Bäder sind sehenswert. 14 £ fürs Frühstück. 200–275 £.

LUXUSHOTELS

In den Londoner Herbergen der Luxusklasse lässt sich in bester englischer Tradition ein Afternoon Tea genießen. Eine Reservierung hierfür ist empfehlenswert.

St Pancras Renaissance Hotel (**D** D3)
→ St Pancras Station, Euston Rd, Tel. 020 7841 3540,
www.marriott.com
Wer aus dem Eurostar steigt, steht direkt vor diesem Gipfel des Luxus: 245 Zimmer und Suiten hinter der extravaganten Fassade eines Grandhotels von 1873. Besonders sehenswert: die königliche Suite und der venezianische Ballsaal. Tee 32–42 £ (mit Champagner). Zimmer 208–280 £.

The Ritz (**A** A1)
→ 150 Piccadilly,
Tel. 020 7493 8181,
www.theritzlondon.com
1906 im Louis-XVI.-Stil erbauter Palast. 29–52 £ fürs Frühstück, Tee 45–57 £ (mit Champagner). Zimmer ab 300 £.

Claridge's (**E** D4)
→ 49 Brook St,
Tel. 020 7629 8860,
www.claridges.co.uk
Royals und Filmstars lieben dieses Haus von 1812. Tee 39–63 £ (mit Champagner). 26–37 £ fürs Frühstück. Zimmer ab 300 £.

U-BAHN, BUS

Informationen rund um die Uhr
→ Tel. 0843 222 1234, www.tfl.gov.uk
9 Zonen; Zonen 1 und 2 decken das Zentrum ab.

U-Bahn und DLR
→ Mo–Sa 5.30–0.30, So 7–23.30 Uhr, manche Linien am Wochenende rund um die Uhr

U-Bahn »Tube«
12 Linien. Einige Stationen schließen Sa/So und außerhalb der Stoßzeiten.

Docklands Light Railway (DLR)
Automatische Hochbahn

Busse
→ Tägl. 5–24 Uhr
Auf das Fahrtziel auf der Frontanzeige achten (manche Busse befahren nicht die ganze Strecke).

Nachtbusse (Night Buses)
→ Bestimmte Linien bis 5 Uhr
Die meisten fahren über den Trafalgar Square.

Preise

U-Bahn und DLR
→ Einzelfahrkarte (Zonen 1–2): 4,80£
→ Mit Oyster Card (Zonen 1–2): 2,30–2,90 £ pro Fahrt, abhängig von Uhrzeit und Zone, max. 6,40 £/Tag

Bus
→ Einzelfahrschein: 2,40£ (werden nicht im Bus verkauft)
→ Mit Oyster Card: 1,50 £, Tageskarte: 5 £

Oyster Card
→ 5 £ Kaution
Aufladbare Karte für U-Bahn und Busse.

London Travelcard
→ Automaten, U-Bahn-Schalter: 12 £/1 Tag, 32,10 £/7 Tage (Zonen 1–2)
Busse, U-Bahn, Züge.

Kinder unter 11 Jahren
→ Fahren umsonst

TAXIS

Black Cabs
Leuchtet das Schild auf dem Dach orange, ist das Taxi frei (schwarz = besetzt). Per Handzeichen anhalten; vor Einstieg das Fahrtziel nennen.
→ *Grundgebühr 2,40 £, dann 5,20–8,80 £/Meile*
Dial a Cab
→ *Tel. 020 7253 5000 / 020 7426 3420 (Zahlung mit Kreditkarte möglich)*
Mini Cabs
Rund um die Uhr telefonisch erreichbar. Preise verhandelbar; meist billiger als die *black cabs*.
Addison Lee
→ *Tel. 0844 800 6677, www.addisonlee.com*

TAXIS/BLACK CABS

IN DER U-BAHN

ZÜGE, BAHNHÖFE

Charing Cross (**A** D1)
→ *Canterbury, Südosten*
Euston (**D** C3)
→ *Glasgow, Nordwesten*
St Pancras International / King's Cross (**D** D3)
→ *Edinburgh, Nordosten*
Liverpool St (**C** E3)
→ *Nordosten*
Paddington (**F** F1)
→ *Cardiff, Westen*
Victoria (**A** A4)
→ *Brighton, Süden*
Waterloo (**H** B3)
→ *Dover, Süden, Südwesten*
London Bridge (**I** D1)
→ *Süden*
Info/Reservierung
→ *Tel. 0845 748 4950, www.nationalrail.co.uk*

bestückt. 75 (ohne Bad)–100 £.
Portobello Gold (**F** B2)
→ *95–97 Portobello Rd, Tel. 020 7460 4910, www.portobellogold.com*
Die Dachterrasse war Schauplatz einer Szene im Film *Notting Hill* ... Eine Handvoll, 2015 renovierter Zimmer über einer Bar mit Glasdach. Honeymoon-Suite (Baldachinbett) und, im Dach, eine Wohnung für fünf Personen. Angesichts der Lage sollte man keine absolute Ruhe erwarten ... 80–135 £, ab 150£ für die Penthouse-Wohnung.
Morgan Guest House (**G** F2)
→ *120 Ebury St, Tel. 020 7730 2384, www.morganhouse.co.uk*
Ansprechendes B&B in einem georgianischen Gebäude. Kamine in einigen Zimmern und im Frühstücksraum. 85 (ohne Bad)–110 £.

A Better Way to Stay (außerhalb **F** A4)
→ *31 Rowan Rd, M° Hammersmith, Tel. 020 8748 0930, www.abetterwaytostay.co.uk*
Ruhig und geschmackvoll eingerichtet sind die zwei Studios und die zwei Zimmer des Hauses. 90–130 £ (2 Nächte Mindestaufenthalt oder zzgl. 20 £).

AB 100 £

La Gaffe (außerhalb **D** A1)
→ *107–111 Heath St., M° Hampstead, Tel. 020 7435 8965, www.lagaffe.co.uk*
Im Herzen des ruhigen Hampstead liegt das komfortable B&B, das von einer italienischen Familie geführt wird. Patio, Terrasse und eigenes Bad in jedem Zimmer. 100–130 £.
Amsterdam (außerhalb **G** A2)
→ *7 Trebovir Rd, M° Earl's Court, Tel. 020 7370 5084, www.amsterdam-hotel.com*
Hotel in günstiger Lage zu den Museen von South Kensington. Teils Blick in den Garten. 100–140 £.
Luna Simone Hotel (**A** B5)
→ *47–49 Belgrave Rd, Tel. 020 7834 5897, www.lunasimonehotel.com*
Frisches, familiäres Hotel mit kompetentem Personal und 36 geräumigen Zimmern in Pastelltönen. 100–150 £.
Garden Court Hotel (**F** D1)
→ *30–31 Kensington Gardens Sq, Tel. 020 7229 2553, www.gardencourthotel.co.uk*
In der Nähe der Kensington Gardens gelegenes Hotel, seit 60 Jahren von derselben Familie geführt. Schöne Zimmer mit Flachbild-TV und ein reizender kleiner Garten, in dem man bei gutem Wetter seinen Nachmittagstee genießen kann. 100–160 £.

Hampstead Village Guesthouse (außerhalb **D** A1)
→ *2 Kemplay Rd, U-Bahn Hampstead, Tel. 020 7435 8679, www.hampsteadguesthouse.com*
Ein bezauberndes Haus aus dem 19. Jh. mit neun hellen, individuell gestalteten Zimmern und teils antiken Möbeln. Häuser mit kleinen Blumengärten säumen die Straße. Hoteleigener Parkplatz vorhanden. 9 £ fürs Frühstück. 105 (ohne Bad)–125 £.
Georgian House Hotel (**A** A5)
→ *35–39 St George's Drive, Tel. 020 7834 1438, www.georgianhousehotel.co.uk*
Das in drei herrschaftlichen Wohnhäusern aus dem 19. Jh. untergebrachte B&B liegt nur drei Minuten von Victoria Station entfernt. Es vermietet schicke, wenn auch bescheiden dimensionierte Zimmer.

MAYOR OF LONDON

tfl.gov.uk

24 hour travel information
0343 222 1234*

*Service and network charges may apply. See tfl.gov.uk/terms for details.

Reg. user No. 14/M/2753/P

Improvement works may